玉兰花开又一年

——讲述人大毕业生自己的故事

编　　写　中国人民大学招生就业处

主　　编　王小虎　周　荣

执行主编　陈　姚　郭　琴　朱　婷

中国人民大学出版社

·北京·

编 委

（按姓氏笔画排序）

王小虎　王　蒙　朱　婷
陈　姚　李　双　李姗姗
周　荣　郭　琴　莫海兵
潘蔚琳

目　录

第一部分

求职路上，与你同行

——毕业生求职经验分享

【RUC 求职故事】一小段时间的努力决定未来一段时间的生活

何凤娇，理学院化学系 2017 届毕业生

中国人民大学"LEAD 计划"第三期学员

求职意向：人力资源行业

就业去向：已签约某公司人力资源岗

2016 年 11 月底确定工作的第一时间，跟几个一直比较关心我找工作情况的师长、几位至亲以及受到我工作地点"波及"最大的几个朋友汇报了我的决定。正在犹豫要不要写点东西来记录这段时间的努力的时候，"LEAD 计划"[①] 梁培杰导师建议我总结一下这段求职经历，不管是出于自己记录的意义，还是出于对未来工作的帮助。于是，就有了这篇文章。

校招流程无外乎以下几个步骤。看起来简单而且各个公司之间应该都不会有太大区别，但实际上，不同公司的风格还真的不太一样，在面试形式上就有很多"文章"可做。这些在后文会细细说明。

网申 〉 宣讲会 〉 面试 〉 offer

一、网申

如果从第一个网申算起，我其实 8 月初就参与到校招大军中了。所以较真儿起来，整个找工作的过程可以说持续了将近 4 个月。像华为、百度、京东之类的公司在 8 月初就已经开放网申通道了。网申其实没有太多需要解释的内容，顾名思义就是网上申请。不过倒是也有一些我的小习惯可以分享。

---

① "LEAD 计划"即中国人民大学学生职业生涯引领计划，学校聘请职场成功人士担任在校生的职场导师，帮助在校生进行职业规划、提升职业能力等。

TIPS：

1. 网申信息获取

我的网申信息大致是从三个渠道获取的，每天或者每隔两天查看一遍这些渠道就可以获得充足的招聘信息。

方式一：应届生求职网。有很大一部分比较好的公司的招聘信息会在应届生求职网上发布。

方式二：大街网。最初使用大街网是因找实习的时候师兄师姐推荐，后来正式找工作的时候发现也有相当一部分的公司会用大街网发布招聘信息。甚至像某大型韩国企业的招聘信息，包括简历的收集都是在这个平台的支持下完成的。不过，大街网发布的招聘信息良莠不齐，需要自己分辨。

方式三：关注学校就业指导中心微信平台。我关注了三个学校（人大、北大、清华）就业指导中心的微信平台，也能时不时找到一些自己需要的信息。

除了以上三种方式，其实还有一些类似中华英才网、猎聘网之类的招聘网站，但是个人感觉以上几种方式的信息量已经足够囊括我的需求，没必要浪费特别多的精力，所以这几个网站基本不会去浏览。

2. 网申情况记录

每一个参与到求职大军中的同学应该都是网申很多公司，参加很多次面试，最后确定一家心仪的单位。但是因为网络信息实在太多，有时候很有可能网申完就找不到原本网申的界面了。为了避免这样的情况，我在每次网申结束后都会在一个Records 的 Excel 表格里记录自己的申请情况，包括：申请日期、公司、职位名称、关键的招聘时间节点以及申请网址。其中，关键时间节点和网址非常重要，前者能帮助你及时了解自己某一家公司的申请进度（包括是否被淘汰），后者则可以在接到该公司的下一步安排（如：面试）的时候，了解一些必要信息，而且你的网申进度可以在一些公司的网址上查询到。

因为相对于电子版来说，有时候纸质版更方便，所以我还有一本专门用来记录求职过程的笔记本。见下图。

编号	日期	公司	岗位	具体时间	项目一	网址
1	9.1	腾讯	人力资源岗位职能系统 - HR与管理线	19：00-20:00	在线模拟笔试	http://join.qq.com/post.php?zwl=81
2	9.5	京东	人力资源岗位	18：00-20：30	笔试	http://campus.jd.com/web/apply/myjob
3	9.10	腾讯	人力资源岗位职能系统 - HR与管理线	10：00-11:30	笔试	
4	9.10	去哪儿网	管理培训生（人力资源方向）	笔试：10月15日	面试:10.16-10.17	http://campus.51job.com/leeco/route.html#
5	9.10	乐视	HR Trainee	在线笔试：9.19		http://hr.hnagroup.com/Portal/Apply/Index
6	9.11	海航集团（祥鹏航空）昆明	人力资源类			http://hr.hnagroup.com/Portal/Apply/Index
7	9.11	良一新源科技有限公司	人力资源	9月22日 18：00 就业指导中心421		http://www.aoyipower.com/recruitment/workin/
8	9.12	和君集团	助理咨询师			http://hejun.hirede.com/UserCenter/CampusJobAp
9	9.13	三星集团	三个志愿：BEST商务管理培生 同名人事专员	笔试考试时间为：2016/10/22日		http://ats.dajie.com/PersonAction.do?cmd=generat
10	9.20	京东	人力资源岗位	13:00-14:00	初试	http://campus.jd.com/web/apply/myjob
11	9.21	海航集团（祥鹏航空）昆明	人力资源类	15:00		http://hr.hnagroup.com/Portal/Apply/Index
12	9.25	拜耳 上海	HR Associate	上午投递	简历筛选 在线测试	http://campus.51job.com/bayer2017/flow.html
13	9.26	伊利集团	HR 管理培训生 全国	10月14日 18:30-20:30 国学馆F116报告厅宣讲会	10月下旬笔试	http://campus.51job.com/yili/2017/zpz
14	9.26	台积电	人力资源管理师	无截止时间限		http://www.tsmc.com/english/default.htm
15	9.26	京东方	人力资源专员	10月18日 14:00 大大宣讲		http://job.boe.com/zwsq
16	10.11	去哪儿网	管理培训生（人力资源方向）	10.11	面试: 10.16-10.17	http://qunar.zhiye.com/Portal/Apply/I
17	10.11	中化集团	中化塑料有限公司总部（人力资源专员）	笔试已完成		http://talent.sinochem.com/external/baidu/campus.htm
18	10.12	百度	次世代HR	笔试 19：00		http://talent.baidu.com/external/baidu/campus.htm
19	10.11	天合光能 南京	人力资源			http://campus.51job.com/trinasolar2017
20	10.11	恒大集团	综合管理 人力资源			http://campus.51job.com/evergrande2017/bj.htm
21	10.13	康明斯	北京 人力管理	北京，上海，无锡，武汉轮岗	结果10.30	http://cummins-china.jobs/beijing-cn/2017-campu
22	10.13	怡安翰威特	人才与组织发展顾问	48小时内在线笔试完成应网申		http://job.aonhewitt.com/aonhewitt2017/job.html
23	10.13		人力资源管理干部			http://hr-xintalent.cn/xt/hrorm/weh/index/apply?p

二、宣讲会

　　关于宣讲会，因为现在几乎很少存在公司现场接收纸质简历的情况，我的态度基本是选择性地参加。参加宣讲会的目的，其实就是了解公司、了解职位、了解招聘流程以及各个时间节点。如果说，这些信息完全可以在该公司发布的招聘网站上找到，而且个人对于该公司的职位比较"倾心"，可以省下参加宣讲会的时间，多浏览招聘信息。

　　TIPS：

　　有必要参加宣讲会的情况：

● 对于公司整体情况不太了解；

- 对于职位有疑问；
- 招聘宣传中明确提出现场接收简历并现场安排面试；
- 不清楚公司招聘各个环节的时间节点。

三、面试

1. 笔试

除一些专业性比较强的职位，如：程序员，需要考核专业知识，大部分职位的笔试内容与公务员行测内容相同，包括：语言理解、逻辑推理、数理计算等。甚至有的题目都是从历年公务员考试的行政职业能力测试题库中拼凑出来的。所以，8月份的时候我特意买了一本公务员行测题和一本逻辑推理题。事实证明，提前做1~2份题还是有用的，至少知道了同比增长、环比增长之类的概念；图形推理题的概括度比较高，也有一定的帮助意义。见下图。

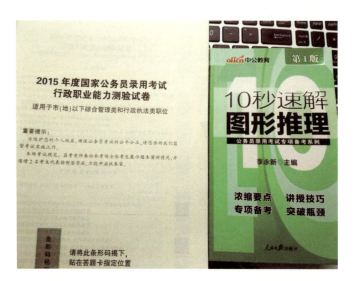

还有的笔试内容不是行测，而是类似心理测评之类的问题，这种问题没有对错之分，只要如实作答即可。

大部分笔试的难度系数不高，即使有一定的难度也只要尽量答题就可以，保证认真分析的都能答对，基本就不会有太大问题。大部分笔试是线上笔试的形式，少数有线下笔试的。我参加过的笔试只有某韩国企业是线下笔试，考试地点在清华一个教学楼里。当时感觉整栋教学楼的教室都是他们的考场，参加笔试的人数也很多。除了地点的特殊性外，那场笔试是所参加过的笔试中难度系数最高、题目最多的。我当时的考试状态基本是做了一半，猜了一半，开始以为不能通过，最后还是幸运通过了笔试。所以，笔试环节放宽心答题就好了，不需要有太多顾虑。

2. 电话面试

电话面试一般是 10～15 分钟，面试官在一开始会要求候选人做简单的自我介绍，有的时候可能会有英文形式的沟通。电话面试整体来说比较轻松，只要如实回答一些问题即可。

3. 无领导小组讨论

个人在无领导小组讨论中的表现其实受很多因素的影响，包括：同组的成员、讨论的话题、面试当天的情绪状况等。面试开始前可以适当看一些与无领导小组讨论相关的方法提示等。但我觉得不能完全依赖网上的一些攻略，无领导小组讨论最重要的一点是能让面试官看到你在争分夺秒地为团队方案的确定作出了贡献。

Tip：每次面试的时候除了带上个人简历外，最好带上 A4 纸、签字笔以及笔记本。

我曾参加过一个无领导小组讨论，题目的最末有小字提示不能在试题上标记，结果被我忽略做了标记，虽然最后发现了并且擦去字迹，整个面试过程中也做出了一定的贡献，但还是没有通过面试；也曾有过另一次面试经历：无领导小组讨论题目不是我擅长的类型，而且同组成员中有比较善言辞的，整个讨论过程中我没有参与太多，但是同组其他成员都在提供的试题上标记，我自己准备了 A4 纸，没有在试题上标记，最终通过无领导小组讨论。虽然这些细节可能不是决定性因素，但是也会成为面试官考核的一个要素。

4. HR 面试和业务部门面试

这两个面试环节其实没有太多确定性可言，问的问题也很多样化。基本上面试官会根据你的简历、你的自我介绍以及你的回答提问，只要真实且真诚地回答就好。除此之外，每次面试结束回到学校可以简单总结自己的面试经验，包括：表现得好的地方，提升的空间（如：哪个问题没有回答上来或者回答得不全面可以再次思考：下次遇到类似的问题应该如何回答?）。面试过程中很重要的一点是自信，在面试的气场上就不能有所懈怠。

5. 其他形式的面试

传统的面试形式多是问答的形式，但也有的公司要求提前做 PPT 进行展示的面试（包括：自我介绍的 PPT 展示、固定课题的 PPT 展示，如图所示）。这种 PPT 展示形式的面试一般会提前告知展示时间，准备的时候控制好时间和 PPT 页数，自己提前计时演练。如果面试官计时，一定要在规定时间内完

某次面试题目的 PPT

通过 PPT 自我介绍

成演示；如果不计时，可以在既定时间的基础上上下浮动 30 秒～1 分钟。这种形式的面试在一定程度上很有效，可以帮助面试官从各个方面筛选出比较合适的候选人，包括专业能力（课题的设计专业度）、表达能力（展示过程的表现）、办公技能（PPT 制作水平等）。

6. 奇奇怪怪的面试形式（轻松一刻）

总体来说，我参加的面试还是属于常见以及可接受范围。不过，也遇到过非常奇怪、有点让人难以理解的形式。我参加过一家近年来在中国发展得比较迅速的英国时装品牌的管培生面试，面试的岗位有视觉陈列管理培训生和运营管理培训生。通过第一轮面试无领导小组讨论，淘汰了部分候选人，开始了第二轮面试，第二轮面试的形式竟然是 10 分钟内完成 6～10 岁儿童的益智拼图，拼图一共 80 块，然后面试官根据拼图过程中大家的表现淘汰部分候选人。感觉这一轮面试形式不知道面试官要考查哪一方面的能力，如果说考查团队合作能力，早在第一轮的无领导小组讨论中就已经考查过了。而拼图这种游戏受很多因素的影响，有的人可能比较擅长，正好就表现得比较积极。这种奇奇怪怪的面试方式其实并不是很有效。

面试的形式多种多样，但万变不离其宗。面试之前做好充分的准备，面试的时候自然兵来将挡、水来土掩。面试前的准备可以概括如下：

①照方抓药：仔细研究 JD（job description）、弄清楚职位需求，面试时展现你相应的能力；

②知己知彼：提前到该公司的各大网站了解公司的主营业务、发展规划等；

③提前探听：如果面试邀约中没有明确面试形式，可以到应届生求职论坛、大街网相关公司讨论区寻找相关信息，部分候选人会在这两个区域发表一些面试经验、告知面试形式等。

四、公司的选择

大部分同学在面试后期可能会收到不止一份 offer，这个时候就面临公司的选择问题。每个人对于公司的诉求可能不一样，但是在做决定前做好充分的了解我觉得是对自己未来尊重的一种表现。

我自己在做决定时，其实是按照以下的一些因素考虑的：

①行业前景：公司所处的行业到底是向上的还是有低迷倾向的。如果公司业绩明显下降，可能公司的工作氛围也不尽如人意。当然，如果是一些大型企业，行业略显下滑趋势，也不能完全否定，毕竟大公司的体系制度更为完善。

②公司规模：对于人力资源管理专业来说，如果公司规模太小，人力资源管理可能就无从说起，所以公司的规模在这里很重要。而对于别的职位类型，公司的规模可能就没有那么重要。

③他人评价：这里的他人评价并非是他人的主观评价，而是客观评价。不是说大家觉得这个公司是否有名，而是尽可能了解一些在这个公司工作过或者是正在该公司就职的人的评价，了解他们眼中公司的体系制度以及发展前景。在难以直接接触到该公司相关员工的情况下，可以到类似大街网之类的员工评价区查看相关的评价。当然，这种时候需要你做很好的判断，去除其中的水分，听取比较中肯的部分。例如，百度搜索的时候查询到某航空公司的一些不好的评价，当时对这家公司有一些不好的印象，但是后期深入寻找问题发现，这些评价背后的原因其实是因为公司目前正在宣布向低成本运营航空公司转型，机票价格比正常航空公司低出很多，为控制成本，行李托运额度下降，导致"怨声载道"，并非是公司管理不善或者是服务不到位导致。

④守法情况：在我自己看来，我比较在乎一家公司是否遵守法律规定。从人力资源管理的角度，公司是否遵守《劳动法》及《劳动合同法》的相关规定，是否会按照规定缴纳社保，在一定程度上表明公司的人力资源管理是否

正规。

⑤个人体验：在面试的整个过程中，可以接触到不少公司的员工，该公司员工的状态可以侧面反映出公司的情况。收到 offer 加入群后，观察到面对即将签约的同学们一些特别奇怪、甚至反复强调过却还是问的问题，公司的 HR 表现得特别耐心，我觉得这是一家公司整体素质的表现。

⑥社会责任：如果一家企业主动承担社会责任，会让我觉得这家企业有社会关怀意识，潜在意义就是说这家公司的上层会关心社会环境，也很有可能会关心他的员工。所以，如果一家公司有一定的公益支持项目，在我这里会是加分项。

⑦其他因素：不同的人对于工作在自己生活中扮演的角色的需求不一样，我觉得工作和生活同等重要。即使很多时候我会首要考虑未来发展，但是我也希望自己的工作可以与生活之间有一定的平衡。最终选择一份离家稍近的工作其实是意料之外的，一开始都没有考虑这样的选择，只是无意之中看到了一个觉得还可以的机会，误打误撞投递，然后就通过筛选。

在公司的选择上，任何人不会比你更了解。所以，征询别人意见的同时，自己多做调查，最后选出最适合自己的工作即可。

我们找工作总是投很多的简历，参加很多次面试，最终确定一家公司。在这个过程中，公司在选择你的同时，你也在给公司打分。一小段时间的努力，决定未来一段时间的生活，其实算下来是很划算的，不是吗？

今年是一个"更难"就业年，身边很多优秀的朋友都是披荆斩棘最后才找到适合自己的工作的。对于我自己而言，这段时间其实没有当初想象的那么艰难，这也得益于老师们、身边的好友们的大力支持，在这里表达诚挚的感谢。而且，我也一直觉得自己不会也不可能找不到工作，只是时间早晚的问题。所以，整个面试过程中，我的心态算是比较好的。之前翻译过一篇文献提及，研究表明，找工作签约的速度与未来职业生涯满意度成反比，也就是说签得越慢，找到的工作越合适。最后祝愿大家都能找到心仪的工作！

【RUC 求职故事】因缘际会　志在初心——我和美丽中国的故事

杨靠乾，中国人民大学商学院 2016 届本科毕业生，毕业后加入"美丽中国"，目前在甘肃陇南成县上五郎村小担任项目老师（见下图）。

意外邂逅　引发内心深处的思考

如果从大三暑假的实习算起的话，一开始进入正式求职模式的时候，也是像没头苍蝇似的乱撞，反复地雕琢着那一页不甚出彩的简历，看到自己稍微感兴趣的工作都会投上去，参加宣讲会、笔试、面试……按照固定好的流程和套路走，在"秋招"大战中，凭着"中国人民大学商学院"这块儿金字招牌也取得了不错的战绩，拿到了几个不错的 offer，但总感觉还是差点儿什么。

2015 年 10 月底的一天晚上，我在学校就业指导中心值班（当时担任学校学生就业创业指导中心学生助理），晚上有两场宣讲会，其中一场就是"美丽中国"，怀着对公益组织的好奇心去听了听，其实之前从未想过一毕业就直接做公益。但在这场意外的邂逅里，美丽中国的愿景（让所有中国孩子，无论出身，都能获得同等的优质教育），一下子击中了我，一个从西部山村的村小一路走到京城高校的学生，对中国地区间、城乡间的巨大差距，尤其是教育领域的资源不均衡现象有着切身的感受。所以这样的愿景和价值观，对于我而言，有着致命的吸引力。

我一直认为，求职是一个毕业生和用人单位之间的双向选择，最重要的是双方的价值观是否契合。就个人而言，要看将来做的事情是不是自己真正想做的，如果只是一味地去追求高薪、户口这些表面化的东西，长久来看并不靠谱。而毕业求职又恰恰是大多数人第一次自己真正有能力为自己做主，决定今后所走的职业道路，在现今浮躁的社会环境下，便需要一些勇气来听从内心深处的呼唤，做出真正属于自己的选择。

爱心传递 选择公益并非偶然

2012年9月10日开学报到时第一次来到北京，下了火车都不知道怎么往学校走，也不知道要怎样完成一系列的新生报到工作，然而，学校的迎新志愿者们的热心和真诚打消了我的担忧，帮忙拎行李、详细讲解报到流程、热心指路，虽说都是一些很小的事情，但对于一位初来乍到、人生地不熟的新生来说，简直就是满满的感动和温馨。

明德广场上那一抹亮眼引人的绿色，师兄师姐们真诚热心的笑脸，让我毫不犹豫地加入了自强社这个温暖的大家庭，在这个以"传递社会关爱，锻造自强之才"为宗旨的社团里，先后担任干事、副部长和社长，参与和组织了迎新季"绿色通道"、农民工子弟小学"爱心支教"、毕业季"爱心宿舍·爱心义卖"及"老少传情"、"励志成才看世界"等公益志愿活动，也结识了一批爱心满满、志同道合的好朋友。

从大二到大四，三年的开学季里我都会参与到"绿色通道"的志愿服务工作中，总想着将这一份爱心传递下去，每次在"绿色通道"的现场，看到茫然的师弟师妹们，就像是几年前的自己，用自己的热心付出，换来的是他们的笑容和表示明年一定要做志愿者服务下一届新生的许诺，便觉得一切都是值得的。

我们所做的虽然都是很微小的工作，但是每一次的付出，最终都能有所收获，

爱心的小溪流汇集起来了，就会形成江河，江河汇聚到一起了，就会成为大海。在不断地投入公益志愿活动的过程中，自己也开始真正领略到"赠人玫瑰，手有余香"的意义。

成长经历　走出来的人需要做一些事情

我的老家处于甘肃陇南的大山深处，直到去年才通上公路，在此之前村里通往外界的道路只有一条蜿蜒的羊肠小道，多年以来物资的传输全靠人背畜驮，除了在外打工的村民，很少有人出入，大多数时间就像与世隔绝一般，世世代代过着面朝黄土背朝天的生活。我从大山深处的村小，一步一个脚印，走到县城的初中，再到省城的高中，最后到京城的大学，每一步都跨越着巨大的鸿沟，这条崎岖而漫长的求学之路充满艰辛，却也收获着思考与成长。

就像跟朋友们开玩笑说的一样，上大学后，每次放假回家就是一条从现代回到古代的穿越之路（飞机/火车——长途大巴——城乡客运——走路上山），这条路就是当前中国社会发展差距最真实的写照。像我老家这样的农村，在当下的中国并不少见，甚至是普遍存在的现象，一边是高速路上奔驰前进的城市，另一边是山路上停滞不前的农村。我一直在思考：为什么差距会越来越大？尤其是每当看到老家的村小和我十年前就读时并无两样甚至条件更差的时候，"知识改变命运""百年大计，教育为本"仅仅只是作为标语和口号刷在墙上，真是会让人心痛。

当对这种资源的不均衡有了深切的感受，甚至已经在身上打下重重的烙印后，去思考如何努力能带来积极的改变就是不可避免的了。在和一些拥有相似成长经历的好友聊天时，话题总会引到这里，我们会回首求学之路，感慨自己的成长和过往。在经历了各种幸运之后，能走到现在已属不易，但幸运的毕竟是少数，剩下更多的是念着念着就辍学，梦想从来只是虚幻的孩子们，他们的朗朗书声和欢声笑语，只能在大山里转瞬即逝，他们的未来，会离"读书""大学"这些字眼渐行渐远。而最让人揪心的是，经济条件的发展和进步，并没有促进教育水平的均衡发展，这种现象相对我们上学的时候，基本上没有改变。

那么，作为从大山里走出来的幸运儿，我们需要去做一些事情，去回到养育我们的黄土地和大山中间，仰望星空，去思考问题的症结所在；脚踏实地，用行动带来积极的改变。就像几位好友"十一"国庆节假期来甘肃"探望"过我后所说，只有知道你是如何从大山走到北京，才能理解你为何又从北京回到了大山。

行在路上　不是为了体验，而是为了改变

转眼间已经来学校将近一个学期，孩子们现在已经能用流利的普通话和我交流，而不再是一开始磕磕巴巴的方言。除了课堂上的努力之外，我还在尝试着做更多的一些事情。以前在孩子们的脑海里"课外书"基本等于空白，自打建起了图书角，他们每天都会问："杨老师，今天可以看书吗?"从没走出过大山的他们，会因为收到一张来自北京甚至是国外的明信片而欢欣鼓舞；每到周末，用家长的话说就是"拦都拦不住的要往学校跑"；国庆放假和几位北京来的大学生哥哥姐姐只是玩儿了短短的一个上午，在他们看来却是自己最快乐的假期时光……我想我所做的，就是打开一扇窗，让他们能看到大山外面的世界，陪伴他们成长。但说到底，无论客观条件是优渥或是艰苦，终究得靠个人主观的努力，我相信，当他们一旦真正地对书本产生兴趣，对山的那边充满好奇，真心想走出去看看的时候，那也就是积极的改变来临之时。

诚然，要解决农村教育的资源不均衡问题，光靠个人和公益组织的力量是远远不够的，只有唤醒所有人的关注，大家一起努力，才能带来真正的改变。借此机会也要感谢诸位好友，"9.9公益日"期间两百多位好友转发和支持筹款项目，同时各种私信留言，对于我而言也是莫大的鼓励；国庆节期间发起的明信片项目也是成果斐然——200次以上的转发数，6000次以上的阅读量，目前已收到近300张明信片，100多本书籍，若干文具和书信。小爱心汇聚起来了，就会发挥大影响。当然这只是开始，我们会一直在路上——这个世界的改变，不是因为少数人的很大努力，而是大多数人的一点点。

最后，我是个"刺蜜"（看篮球的懂），用我最喜欢的主队更衣室的标语"小石匠精神"来做结尾——当一切都看起来无济于事的时候，我看到一个石匠在敲打石头。大约敲了100下，石头上连一条裂缝都没有，但就在敲下第101次时，石头却分为两半。我知道，那不是最后一击造成的结果，而是之前所有敲击共同起到的作用。

【RUC 求职故事】给自己多种可能性

张鑫磊，中国人民大学文学院汉语言文学专业 2013 级本科生

毕业去向：外交部

　　一年前的今天，我绝想不到自己会在这样一种处境中，以这样的姿态，发出这样的声音；一年后的现在，我面临着充满未知和挑战的职业生涯，无数次感激自己曾经的探索和坚持。这一年的时光让我明白：不拘泥于一条道路，才能拥有输的资本和赢的淡定；给自己多种可能性，便可以发现人生更为广阔的风景。

我并不是主动开始求职的，作为一个本科生，毕业之后的选择主要有升学和求职两条道路，而我在一开始更倾向的是继续攻读研究生。在面临人生选择的时候，人往往会变得怯懦犹豫而从众，对于我来说，继续读研并不是因为怀揣着某种学术理想，而是想给自己一段时间来思考未来的方向，这是大多数人的选择。在人大这样一所研究生比本科生还要多的大学里，本科毕业就开始求职的实际上是少数，随着社会上就业压力的不断增大，研究生学历似乎成为了理想工作的基本门槛，为了试图迈过这个门槛，我用了半年的时间。

考研

我是在大三上学期就开始有考研想法的，彼时的我刚刚从台湾交换归来，对世界和人生的看法有了诸多改变，面对着即将到来的 20 岁，我开始探索前路的方向，找寻陪我同行的人，这是一个艰难的转变。如果说之前十余年的学习生涯是在为大学四年铺路，那我在大学一开始延续了这条道路原来的状态：由于羞涩和怯懦，放弃了很多机会，由于迷茫和不安，不知道该怎样努力。这也就导致了我在个别GPA权重很大的课程上出现了失利，基本上无缘保研。而进入大三之后，未来该往何处去的紧迫感就一下子真实起来，想保研的同学努力刷学分绩做大创小创发论文，想工作的同学开始找实习投简历跑招聘会，想出国的同学备考托福雅思GRE……刚刚从台湾那种相对懒散悠闲环境中回来的我，一下子被投入了一条众人都在疯狂向前冲的赛道，还未来得及思考，实际上就已经出发。我该往何处去，成了大三一年我都在苦苦思索的问题。

我选择的考研方向是北大法硕，我的本专业是中文，同时辅修法律，二者我都喜欢并投入了相当的心血，但我想换个全新的环境，学习一些新鲜的东西，北大法硕是我在权衡了各种因素之后所做的选择，正因其充满挑战，才让我斗志昂扬。在长达半年的复习备考中，我排除了外界的各种干扰，按时作息，锻炼身体，不断调整自己的生理和心理状态，虽然最后仍然以三分之差无缘北大，却无意中为我通过国考奠定了基础。

国考

选择参加国考实际上是个无心之举。在大四之前，我并没有报考公务员的打算，大四一开学，院内组织就业指导讲座，主管就业的老师建议我们多给自己一些可能性，我这才有了参加国考的打算。之后外交部来学校宣讲，我听了之后跃跃欲试，就和同学一起报考了外交部。由于国考是在 11 月下旬，考研是在 12 月下旬，我的主要精力其实是放在考研上的，对国考的准备不是很充分，但胜在心态平和，精神状态良好。事实上，我只做了一套行测和半套申论，听了几个学校举办的国考讲座，抱着一种试试看的态度走上了考场，所以心理压力不大，反而发挥出了水平。还记得考试时坐我旁边的姑娘刚刚考完行测就抱头痛哭，说自己没答完，我也面临同样的问题，最后半个小时连蒙带猜答完了所有的数量关系和图形推理，但正是因为心态好，所以我才在那半个小时里保持了足够的冷静，最终取得了不错的成绩。在我看来，国考不仅仅是一个考试，它是对一个人过去十几年学习生活的一个检验，既要有知识和能力，也要有智慧和勇气，而这所有的一切，无论我们在什么样的岗位上做着什么样的工作，都是不可或缺的。

复试和抉择

国考之后我就开始专心准备研究生考试，最后一个月冲刺，我的心态有一点小小的波动，庆幸最后稳定下来顺利完成了考试。事实上，在备考研究生的过程中，我的身体和精神状态就是在国考期间达到了顶峰，可以说，我的考研路虽然没有孕育出一个成功的果实，但是为国考上岸培植了深厚的土壤。研究生考试结束之后，迎来了 2017 年，在跨年的那个晚上，我鼓起勇气向现在的女朋友表白，从此，我的人生开始了新一轮的转向。

我是在大学最后一门期末考试结束时收到外交部复试通知的，由于我之前的主要精力放在考研上，所以得知这一消息时非常惊喜。外交部的复试不同于其他部

委，除了常规的面试还有单独安排的笔试和外语测试，而这些都安排在春节之前，只剩下半个月的准备时间。如果说我初试时的心态比较放松，那么复试时就相对比较紧张了。我们这个岗位一共招收 40 人左右，接近 4000 人报名，而进入复试只有 200 人，机会来之不易，所以倍加珍惜。在那半个月的时间里，周围同学相继回家过年，校园内日渐萧索，也给了我一个相对安静的复习空间，每日练习英语口语，查阅时政新闻，努力让自己变得自信从容，在那个时候我才真正感觉到人大四年对我整体素质的巨大提升。在这所校园里参加的每一堂课程，每一场讲座，每一个活动都让我在不知不觉中得到了成长，而这些点点滴滴的积累，让我在站上外交部复试考场时无所畏惧。

复试持续了两天，分为心理素质测试、英语口试、英语笔试、综合能力测试和最终的面试，考查过程科学而完备，专业而精准，十分符合外交工作的风格，这让我对外交事业有了更多的向往和期待。直至此时，我仍不能确定自己的方向，考研成绩尚未公布，国考复试也不一定通过，我已经在着手准备出国申请的相关事宜，试图给自己更多的可能性，事实证明这样做是明智的。当我飞去女友的家乡过情人节时，国考复试结果和研究生初试成绩同时公布了，一成一败，我内心既有遗憾，又有庆幸。给自己多种可能性，让我在人生的岔路口柳暗花明又一村，让我在得知结果之后，仍有足够的勇气挽着她的手，去看古城西安的灯火辉煌。

给自己多种可能性

Life is like a box of chocolates, you never know what you're gonna get. 时至今日，我依然为我将要走上的这条道路感到惊奇和隐忧，我一个中文系的学生，怎么就要进入外交部工作了呢？但当我深刻反思自己的性格和特质，我竟发现这是目前最适合我的工作，也是最能实现自我价值和人生理想的选择，苟利国家生死以，岂因祸福避趋之，选择了外交事业，就是选择了牺牲和奉献。在这样一个举世追求名利的时代，我希望自己能尽量追求一些高尚和伟大，双脚踏在泥土里，目光始终向天空。前几日在食堂吃饭，偶遇一个头发花白的教授，当他听说我将要献身于祖国的外交事业时，叮嘱我不要忘了人大的光荣传统，不要忘了延安的革命精神，不要忘了为这所学校增光添彩，那一刻我深深地感觉到自己与脚下的土地相亲近，与历史的脉络相连接，当我们日渐汲汲于个人的琐碎，能否敞开自己的心胸去拥抱一个更为广阔和宏伟的世界？愿人大与你我同在！

【RUC 求职故事】选择的逻辑

彭雪莹

中国人民大学财政金融学院 2017 届本科毕业生

求职期间获咨询、FA、VC、互联网公司战略投资部、互联网公司金融部 offer

所有的结果由过往选择构建

大家多半都读过陶杰《杀鹌鹑的少女》里的一段话："当你老了，回顾一生，就会发觉：什么时候出国读书，什么时候决定做第一份职业、何时选定了对象而恋爱、什么时候结婚，其实都是命运的巨变。"

对我而言，这是最真实的写照。大学四年面临了无数次选择，而且都导向不同的结果。比如：是否留在学生会；是否参加高礼研究院；保研还是考研；出国或是工作；选择什么行业、什么公司……如此多的选择，想要一路做出最优解当然是极其困难，而概率论也告诉我们，那是二分之一的 n 次方。所以，作为平凡人的我，与绝大部分人一样，当然踩过坑、犯过错，但是我在这里想作为探路者把自己的经验分享给学弟学妹们，让他们少走一些弯路。此外，在校园里的一大好处就是我们的试错成本低，而也正是这一次次试错帮我们排雷，让我们更加清楚地认识自己、认识每一个选择，从而做出最适合我们的选择。

推石头上山的西西弗斯们

想和大家讲一个故事，荷马史诗里的西西弗斯。因为犯了错，他被神罚每日推石头上山，但每当即将把石头推到山顶时，巨石又会滚下，因此他日复一日重复着推石头上山的过程。我们谁不是推石头上山的西西弗斯？生活压力、自我期望、不自觉的比较，化作我们头顶上的巨石，日复一日地压着我们。而我们也只能顶着它向前，日复一日。

我想，破开这个怪圈最重要的一点，就是想清楚自己要什么。而这也是我做出本科毕业就工作这一"非主流"选择的逻辑基点。最开始，我接触到金融中最大的两块——股票和债券，都不是我心头的朱砂痣与白月光。因此我甚至怀疑过我读金融专业是不是一个正确的选择。直至开始在咨询行业的实习，具体而言是投融咨询，我的热情瞬间被点燃。作为一个兴趣导向型选手，我疯狂地去和导师们、实习组的前辈们、甚至客户们了解、学习、吸收一切我所能接触到的。结合咨询行业比起学历更看重工作经验的特点，我第一次萌生本科毕业后就工作的想法。但是我需要更明确，一次的体验也许有所偏差，而我也需要更精确的结果来对自己的选择和人生负责，因此我进行了咨询行业的第二次实习，这次是纯咨询。我发现，我之所以喜欢投融咨询，并不是因为它是咨询，而是因为"投融"。接着，我先后在 VC、PE、FA、企业战投部实习，对于整个创投圈有了更加丰满而具体的了解，对于各个细分领域有了自己的观点，也了解自己适合与擅长的部分，从而锁定目标。其实说锁定，有点言之过早，因为求职是一件不确定性太大的事情，非实力因素也常常左右结果，所以我给大家的建议是列出自己的优先级。比如，看重地域还是薪资，看重行业还是团队，看重公司名气还是发展空间。如同哈姆雷特有千面，每个人的优先级矩阵也有所不同。

在这里做一个小结，找到自己适合并且擅长的工作有三点需要注意：

1. 对于自己列表里的选择足够了解。最好的方式是实习，如果时间不够，那也要多方访谈，采用能采取的各种渠道尽可能多地去了解所属行业、所在公司、所属团队等。

2. 对于自己的技能点与理想生活节奏足够了解。我擅长什么、喜欢什么、适合什么、不适合什么、长处短处各是什么……对于自我的了解不仅仅是因为面试中会被问到，更是我们做出自己的选择的重要指向标。违背自己心意、勉强自己去干

不适合不擅长不喜欢的事情，对于公司和自己来说，都是一种伤害。

3. 优先级、优先级、优先级，一定要排出自己的优先级。在基于以上两点的情况下，排出自己的优先级。有目的有针对性地提升自己所缺少或所不足的能力，从而当一个狙击手，而非撒网捕鱼者。

选择比努力更重要

为了避免掉入西西弗斯的怪圈，选择是比努力更重要的一件事。西西弗斯的悲剧在于他的努力是无效的，而这份无效是周而复始，无穷无尽，无法摆脱的。而只有当他停下来，思考，并且放开推石头的手的时候，也许才会有一些改变。可惜他没有。我们也是一样，不成为始终在做无用功的西西弗斯，就不要用战术的勤劳来弥补战略的懒惰，沉浸在一种虚假的自我陶醉里，在自我编织的美梦中不愿醒来。

除此之外，对于未来，我们不光要考虑个人的选择，更要考虑未来的进程。诚然，预测未来是困难的，但是就像是从五十楼、一百楼看出去的光景，与从二十楼、十楼看出去的不一样。个人的认识也是有限的，但是正如一滴水可以融入另一滴水，一束光可以照亮另一束光，我们去探索更多、了解更多、交流更多，信息就是我们的宝藏，我们获取更多的信息就如同拿到了更多拼图块，然后一点点地复原真理的原貌。

向每一个人致敬

最后，向真理路上的探险者以及背后的探险精神和人类勇气与坚持致敬；向人类杰出的英才以及各领域的先驱们致敬；向你、我，每一个平凡人，每一个站在命运的三岔路口，勇敢做出抉择的人致敬。我希望我们像推石头上山的西西弗斯，哪怕面对次次滚落的巨石，始终难以抵达的高峰，我们始终勇敢，始终努力。我也希望我们不像推石头上山的西西弗斯，面对艰难的处境也可以化腐朽为神奇，我们有更理智的选择和判断，我们可以不断更新自己的认知，我们可以规避无效的重复，从而发现价值、创造价值。

【RUC 求职故事】个人的选择与角色的转换

王冠，中国人民大学历史学院历史学 2017 届本科毕业生

在校期间实习经历：2015 年 1 月～6 月，香港"橙新闻"，网络撰稿；

　　　　　　　　　　2015 年 7 月，西安秦始皇兵马俑博物馆，考古实习生。

毕业去向：浙江省金华一中　历史教师

　　我的求职过程相对平淡与按部就班，跑过宣讲会、投过网申、参加过国考，被拒过很多次，也侥幸获得了一些机会，于是最后，在上个学期的期末，就早早地决

定了回老家去，去做一名教师。

稳妥，平凡，从学校向社会的第一步迈得几乎波澜不惊。

说来惭愧，这个过程中没有故事与酒，有的只是宣讲会、笔试、面试三部曲之间的奔波与反复折腾，这些经历其实难称之为"求职故事"，因为它们被讲出来的时候愈发显得寡淡无趣，不吸引人，更不打动人。而相比于其他同学，我最后的选择或许又显得更为保守，更为谨慎，所以可供分享的经验其实也不多。我想来想去，最值得一说的反倒是我求职路上犯下的错误、吸取的教训，留作殷鉴，供大家观览，仅此而已。

一、个人的选择

最后一次跑宣讲会还是去年年末。

印象颇为深刻的是当时 HR 晃荡着话筒说："大家找工作到现在，想必已经经历了许多的鄙视。"

我倒抽一口凉气："哥们倒真敢说话。"

HR 大喘了个气，终于补充道："和面试。"

"鄙视"与"笔试"之误自然是我耳背的误会，但真说起来，就业市场之中，确实是用人单位在大多数情况下占据主动权，只有在用人单位作出对求职者的选择之后，求职者方享有反向选择的权利。所以，如何赢得用人方的选择实在是问题的肯綮所在。通常谈起就业时，一般仅将其理解为"投简历、笔试、面试"这样的一个小流程，其实并不妥。就业过程中，更漫长、更重要的部分其实当是就业的前期准备。前期准备工作做好了，最后的"投简历、笔试、面试"就顺理成章，水到渠成。反之，就可能在日后就业时显得忙乱而无序，宣讲会去得挺多，笔试面试也跑得腿软，简历更是印了一份又一份，最后收效却甚微。

关于就业的前期准备，具体来说包括：就业方向的明确选择、个人经历的充实、实际技能与能力的提升。

　　首先进行的应是关于自己就业方向的思考。就业方向的选择关系到自己未来一段时间的人生走向，对于它的思考当置于所有行动之前，为之后的所有努力提供方向上的引导。当我们谈及就业时，我们必须明白自己想要的是什么，想做的工作是什么，希望自己接下来的一段生活是怎么样的。这些问题的答案因人而异，先要自己对自己作一个全面而细致的了解，分析自己的专业、能力、性格、兴趣、家庭。完成了基础性的自我了解之后，又最好能够明白自己最想要的是什么，从各种因子中提取出对自己最重要的，在评估时加重这一项的权重，通过这样一个过程去确定就业的总体目标。这个目标大概应当包括：自身定位，就业地区或者城市，理想行业，理想单位等。只有在完成了这个规划以后，关于就业的一切努力才得以有针对性地展开，日后择业时方有的放矢。

　　以我自身为例，我是来自人文学科的学生，就业的选择其实本就比较明确，据我所了解的师兄师姐的就业去向，大概就是教育行业、公务员、文化产业、新闻传媒这样几个大的方面。我最后之所以选择教师工作，最重要的因素是因为我觉得在这个行业当中，大学期间学得的专业知识尚有用处。人文学科其实并不给学生提供过于具体的专业技能，这决定了：相当一部分的人文学科学生在毕业后会跳出本来的专业，从事一份与专业知识并没有什么关系的工作。相较于理工科或社会科学毕业的学生，人文学科学生的学习经历与工作经历更容易产生断裂，无形之中增加了他们工作的难度与挑战。我在择业时的最主要的考虑，就是尝试规避或者减小这种风险，试着让自己的第一份工作并不完全陌生，大学学到的东西尚有用武之地，使学校到社会的转换不显得过于突兀。

　　就业方向的思考完成之后，就可以跟进进行一些方向明确的准备工作了，即个人经历的充实与实际技能的提升。就个人经历的充实而言，可以在大三就去找一份与未来工作方向相符的实习，这样日后在相关行业求职时，就可以在简历中提供十分漂亮的实习经历，显著地提升简历筛选通过概率。如果实习做得足够用心足够好，还能借实习的平台成为你进入这个行业的第一步，从实习期就可以开始积攒行业资源与人脉，在求职时可能也会带来意想不到的收获。至于实际技能的提升有很多种方式，在时间与精力均允许的情况下，多学一些技能总是没有坏处的。乔布斯

在斯坦福大学那篇著名的"Stay hungry，Stay foolish"的演讲中就说到，不妨去做一些无用之事，学一点开始无用的技能。他老人家刚退学时待业在家，闲下来跑去学了两套字体。按理说这纯粹是他人生的闲笔了，不曾想，后来他做私人电脑时，居然正好用上了当年偶然学到的这两套字体。按他的话说，要不是他偶然学到的那一技之长，"个人电脑可能就不会有这么好看的字体"。所谓技多不压身，多提升自己，多学一些现在看来貌似无用的技能，也许会让日后的你感谢此时努力的自己。

二、角色的转换

前文提及从学校至社会的身份转换，其实这也是整个就业过程的主题。有一年浙江高考作文题是"角色转换之间"，从学校到社会，正是一次角色转换，且可能是人生中迄今最重要的一次角色转换。从某种意义上说，找到工作只能算是"就业"这个大概念下的一个小小的中间环节，真正的"就业"，要求就业者最后还要达成各层面上的角色转换，包括思维方式的转换、心态的调整，以及最重要的：你已经完全做好了为下个阶段而努力的准备。

走出学校，走向社会，先要做的是思维与心态上的转换。企业 HR 常提及"抛却学生思维"，"学生思维"这个概念比较虚幻，但其中确能读出企业对于求职者在思想上正确认识工作与社会的要求。

求职过程会迫使每个人重新认识社会与人生，形成一部分新的认知，这个阶段中一定要提前调整好自己的心态。我一个人文学科的学生，当初初涉职场，顿有拔剑四顾心茫然之感，第一个感觉就是工作机会并不如我想象一般丰富与优渥，与自己本有的预期有一些差别。如我在文章一开头就说到的，就业市场在本质上还是一个"买方市场"，是用人单位占据优势甚至主导。身为求职者，千万别在一开始就有待价而沽的架子，而是要实实在在地珍惜每一个机会，珍惜求职的黄金时间段。第二个感觉是踏上求职之路，其实也就意味着和学校与老师的宽容作别。在我们的学习生涯中，可以说学校与老师都是在尝试着给予我们最大的宽容，他们用最大的耐心、足够的时间去帮助、等待我们的成长，几乎从不催促，从不揠苗助长，能容忍你我试错。这种宽容在大学时体现得尤为明显，对大多数人来说，大学的学习时光可能算是一生中最自由的时候。可一步入职场，情况就大大不同了。求职一开始，就先必须硬着头皮过用人单位的一条条硬指标，这些指标冷酷而淡漠，它要求你有什么学位，那就要有什么学位，它要求你的大学是什么层次，你的大学就必须在什么层次，某一条硬指标达不到，就与这个机会无缘，没有回旋余地。社会不是学校，它并不宽容，用人单位只会选用达到它的硬要求的人才。求职时候一定要正确认识社会与学校之间的这种宽容度上的差距，放平心态，提升自己，以入门者的姿态去学习、去适应它的这套标准，踏踏实实工作，从第一份工作做起，从基层做起。

角色转换的第二步在就业之后。就业，也就意味着你走向了下一个人生阶段，必须撕掉上一个阶段留给你的标签。打个并不很恰当的比方，当我们从高中升入大学以后，是不会拿高中时期的光辉事迹来说事儿吹牛的，因为高中阶段已经过去了，接下来是大学本科阶段的全新的学习、全新的生活，想要继续吹牛的话，那就撸起袖子加油干，做出一些值得吹牛的事来。

从学校到职场，则是一个远比从高中到大学更为割裂的跳跃。在这个新的人生阶段当中，可以说是与上个阶段真正地断绝了大部分关系。你所有的在上个人生阶段达成的成就只能证明你学习生涯的成功，能成为你找到一份好工作的敲门砖，但一旦进入了职场，这些过去的经历就已经不再重要。所以从学校到职场，不光是心态与思维的转变，还要求你自觉地从上一个圈子里跳出来，然后才能奔前方去。

想起台大叶丙成在毕业典礼上的一碗鸡汤："人生最该追求的一张标签，就是自己的名字。"写在这里，与诸君共勉。

就业是人生选择的一种，我个人关于就业的一些观点已经写在这里，希望对后继选择就业的同学能有些许帮助。

人生当然也还有其他斑斓的可能性，无论做什么，都尽力去做就好。

唯一要注意的，大概就是别太执念过于纯粹的理想主义，而不屑于现实中顽固地生长。毕竟，远方的诗再美好，也需要从苟且中一步步走过去。

【RUC 求职故事】一个普通人大学子的求职思考

陈修贤，中国人民大学环境学院资源与环境经济学专业 2017 届本科毕业生

在校期间实习经历：于一家小投行实习过一段时间

毕业去向：某上市公司投资发展部

大学前三年，我考虑过出国、保研、考研，却未考虑过直接工作，只投了四五家公司就敲定了象屿股份。之所以能顺利进入该公司的核心部门，并不是因为我的专业背景或工作经验，而是公司从我的经历里，看到了我的能力和潜力。

在人大，同学去往高精尖部门的很多，我作为一个普通的人大学子，希望在这篇文章里，与大家分享我的一些经历和思考。

一、我为何本科就业——实践促进理论

我在"读研"还是"直接工作"的十字路口前，徘徊了很久，拿不定主意。一方面我渴望得到研究生经历，另一方面我不确定自己的兴趣方向，怕在不感兴趣的领域蹉跎了岁月。我的一位恩师建议我继续读研，他觉得一旦本科工作后心容易浮

躁，很难再回来读研了。我觉得恩师说得很有道理，但我内心却似乎与其相悖，一次在莆田广化寺游览的经历让我拿准了目标。

与"莆田系"在国内的名声相反，莆田广化寺是一座佛学造诣高又极其清幽的寺庙，寺内高僧云集，国内许多名寺的住持出自广化寺，其中包括龙泉寺住持学诚法师。我翻阅寺内高僧的著作时，发现这些高僧在出家之前均有丰富的世俗经历和其他领域的成就，并不是成长于寺院墙内的小沙弥。立马想到唐僧成长于寺院之内，佛学已达一定造诣，为何还需要到西天取真经？而取真经为何又需要经历九九八十一难？九九八十一难只是考验吗？是否这样解读更为合适：九九八十一难就是真经的一部分，究竟有没有真经并不重要，重要的是唐僧在九九八十一难的实践过程中促进了他佛学理论的发展和完善。

未曾"拿起"谈何"放下"，要先"入世"方有"出家"，有过"实践"方能"得道"。

我们成长于校园一如小沙弥成长于寺庙，象牙塔中的知识无穷无尽，然而越往深处读，缺乏相应经历的我们越难以理解作者的深意。比如本科实习就是一个实践促进理论的过程，当我投行实习过后再听公司理财、财务管理，里面的知识便栩栩如生起来。

人生中，学习和工作并不是独立存在的，工作既是一种实践的学习又可以促进理论学习，理论学习可以更好地指导实践。只要一直是处于努力的状态，大方向没错，不管在人生的十字路口做出怎么样的选择，都能让自己得到提升。当然我认为我的理论知识还不足，未来我还会继续到学校深造，带着若干年的实践经历。

二、公司 HR 看中什么——优秀的品质

优秀的方式各有千秋，优秀的品质却是类似的。

找到一份好工作，并不一定要在大学的每个时间点都"踩得很准"，比如一定要得到四大实习经历、出国交换经历、职业证书等等，仿佛没有这些就失去了竞争力。其实我们不需要去模仿别人的经历，每个人都有每个人的机遇，我们需要学习

的是他人优秀的品质，比如"勤奋""坚毅""谦和""好学"等，把握好自己的机遇并将它做好更为重要。一个老道的公司人力资源主管善于从一些个性化的经历里来了解你这个人的特质，你做的事情不一定非得面面俱到、非得模板化，能够把自己擅长的事情做得很好，就非常的优秀。

有的同学学分绩非常高，很大程度能说明他认真、踏实、学习能力强；有的同学成功组织了大型晚会，能反映出他沟通、协调、组织能力强，并且具备大局观；有的同学发表了 paper，能反映出他勤奋、努力、具备探究精神……没有哪个公司HR 会要求你既要学分绩高、组织得了活动、发得了 paper，还能十八般武艺样样精通的，只要你做的事情反映出你优秀的品质，那后续的知识和技能工作后还能再学。

我对科研感兴趣，带队完成大创国家级优秀结项；热心公益，担任鹭驻京堂北京厦门同学会会长，举办了厦门企事业单位在京专场招聘会；喜欢播音朗诵，得过五四独诵第二……虽然这些事情表面上互相没有联系，但其反映的内在特质却是紧密相连的，能够从一个个侧面来反映我的个性特征、能力水平，一个老道的公司HR 能通过我的经历来看出我的特质是否符合公司的要求。

三、正确看待结果——求职没有成功失败

在这篇文章中，我不说"经验"而是说"经历"，因为"经验"是针对成功者而言的，在我看来求职并没有成功失败之分，只有合适与不合适。

习惯了以成绩定输赢的我们，总试图去追求一个客观的评价体系，觉得自己是名校、绩点高、学生工作优秀就一定能被公司优先录取，万一公司录取了一位没有自己"优秀"的同学就会愤愤不平。

我在面试一家企业到了终面的时候，面官随口抛出两个问题不到三分钟就把我打发了，反而录用了硬性条件明显差得多的应届生，一开始我也不解，甚至有点生气。但后来发现这其实只是该企业文化的偏好，因为多年经验发现，他们录用的人大学子往往"待不住"，容易跳槽。反而一些硬性条件差一些的应届生没有其他选

择，更能够在该公司发挥作用，大多企业都更愿意接收看起来更为"待得住"的应届生，对他们来说我并不像合适的人选。

说到底，其实找工作（尤其是企业）更像是一个找对象的过程。我们找对象的时候只是挑最优秀的吗？缘分、合不合适往往更重要。企业用人也是一样，硬性条件是一方面，但符不符合公司文化也很重要，更为极端的热门企业甚至会根据星座来快速筛人，因为在一批应届生里它并不一定是要找最优秀的，而是找最适合自己公司的。优秀的你没有被录用并不代表你是失败的，也不一定代表公司没有眼光，而只是彼此不够合适罢了。

最后送一句话给学弟学妹们：未来身边同学会有各式各样的成功，均是在各自领域深扎努力的结果；我们须坚定道路自信，哪怕一时默默无闻，在自己选择的道路上深扎三五年，必然也能取得不错成就，最终一事无成的往往是左顾右盼的。

【RUC 求职故事】感恩于心，砥砺前行

王和平，中国人民大学劳动人事学院 2017 届本科毕业生

在校期间实习情况：国际顶级咨询公司＋世界 500 强央企总部

毕业季所获 offer：房地产企业，互联网企业，国有银行，央企等

中国人民大学"LEAD 计划"第三期学员，梁培杰导师小组

在人大学习生活三年，到了大三下的 2016 年 5 月，我终于在本科生毕业三条路（读研、出国、工作）中，选定了自己的方向，确定直接工作，工作地首选北京，这段时间工作重点是争取得到父母的理解和支持，毕竟选了一个离家较远的地方。

6～8 月份，开始投一些互联网企业，比如腾讯、京东等，只要招本科生的企业，我基本都网申试了试，这些企业校招工作开始得比较早，重点在于抢技术类人才，职能类岗位面试进展相对较慢。这期间，我求职准备的重点是练习行测，练习英文口语，加强金融等知识的储备和扩充。

9～11 月份，面试高峰期，这段时间主要是面试——复盘——面试，我自己面试的不是特别多，通过一两次面试练练手，找到自己的最优状态，后面主要就是针对性地参加面试，并没有广撒网。

2016 年 12 月到 2017 年 1 月，漫长的等待过程。等待 offer 或等待终面通知，这个过程比较折磨人，不仅要等待，同时还要学会舍弃一些机会，而每一次舍弃都伴随着失业的风险。这个阶段，大多数同学已经开始签三方，如果这段时间还没签，那只能等待来年春招的机会，成为春招大军的一员。

2017 年春节过后，返回学校找工作，基本是从零开始，因为以前有的一些机会都没有了。比较意外的是，这阶段的面试对手，依然有很多优秀的研究生师兄师姐，竞争还是一如既往地激烈。幸运的是，后来陆续收到两三个 offer，最终选择了一家能够满足我某方面期望的单位，实习考察两周后确定录用，签订三方协议，我漫长的求职路基本算是告一段落。

以上经历，按时间轴梳理起来还是挺轻松的，而只有亲身经历过，才能体会到诗和远方的理想田野与七荤八素的现实生活之间，其实相差了十万个为什么。为什么这么多海外名校毕业生，为什么这么多高颜值高学历的研究生，为什么都来和我竞争同一个岗位，为什么 A 单位没要我，为什么 B 单位给的工资这么少，为什么 C

单位要催我签约？每个阶段都会伴随着连续不断的焦虑和纠结，都在思考同一个问题：目前是不是最优的选择？

整个求职过程中，总有人会经历一些想把自己打残才能原谅自己的瞬间，比如错过了心仪公司的网申时间，比如网申的时候留错电话号码和邮箱，比如发完求职邮件发现忘发附件，比如提交简历后发现简历中竟然有错别字，比如回答面试官问题时头脑一片空白……也许状况百出，才是典型的求职路吧。

下面将我求职中最深的体会，分享给大家。

一要保持战略定力。如果 A 条件对你很重要，并且搏一搏有机会能得到的话，就不要因为 B 条件太诱人而丢了 A。

二要请教对的人才能走正确的路，并且保持自己的判断力。在校期间，我参加了学校组织的 "LEAD 计划"，并有幸接受一位优秀校友导师的指导。针对我求职过程中遇到的一系列问题，导师手把手教我如何解决，从自我剖析，到简历制作、模拟面试、职业生涯规划，到国家大势的预判，以至具体行业、具体岗位如何选择，导师都一一帮我进行分析，并提供了中肯的参考意见。这段经历，对于我的求职过程起到了非常重要的作用。

三要眼观六路，耳听八方，多渠道地了解信息。除了参考校园招聘信息外，在求职过程中充分利用师兄师姐的信息资源也很重要。在此，我为自己是人大劳动人事学院的学生而骄傲，通过一些可爱的 HR 师兄师姐，了解到的招聘信息会更多一点、更快一点。

四要把握好自己的求职节奏，做好时间规划。有的同学第 1 个 offer 就签了，有的拿了 10 个再去慢慢挑，这是一个考验承受力与心理素质的过程，父母家人的理解支持也很重要，但最终的选择权仍然在你自己。

求职是一个磨砺心智的过程，也是一个梳理自己、挖掘自己潜能、思考未来的过程，可以说是基于过去、立足现在、重仓未来的人生选择。对于人民大学的毕业生来说，找到一个工作并非难事，或充满挑战，或充满乐趣，或待遇优厚，最终的去向不同，在于每个人对未来的期许不同。真心祝愿大家都能够找到适合自己的那条路。

最后以 Robert Frost 的一首诗的节选作为结尾，祝福各位 RUCers 能成为真正的"国民表率，社会栋梁"。

<table>
<tr><td>

The Road Not Taken
Robert Frost,
Two roads diverged in a yellow wood,
And sorry I could not travel both
And be one traveler, long I stood
And looked down one as far as I could
To where it bent in the undergrowth;
...
I shall be telling this with a sigh
Somewhere ages and ages hence:
Two roads diverged in a wood, and I-
I took the one less traveled by
And that has made all the difference.

</td><td>

未走的路
Robert Frost,
森林叶黄，林中岔路各奔往，
我一人独行，无限惆怅，
不能把两条路同时造访。
良久伫立，我朝第一条路眺望，
路转处唯见林森草长。
············
那以后岁月流逝，日久天长。
有一天长叹一声我要诉讲：
林中两条岔路彷徨，
我选择了行人更少的一条路，
人生从此就全然两样。

</td></tr>
</table>

【RUC 求职故事】此心安处是吾乡

杜嘉能，中国人民大学法学院 2015 级硕士研究生

求职经历：曾获得多家银行总行、央企总部的 offer；参加中央选调生笔试、面试并进入考察环节。

就业去向：国家开发银行（总行）

每年 6 月，心情总是复杂的。我们一边祝福着高考加油，假装自己的学生时代

并未离去，青春的名义仍能成为试错的盾牌；我们又一边高喊着毕业快乐，企图说服自己开心地走出校园，去面对不知在何方的未来。

在学生时代，我们总抱怨预想不到的花式签到、从不缺席的课堂小测，以及其背后单一的评价标准。我们常想象着校园的外面，是一片广阔而自由的舞台，以为结束十年寒窗，便能自由书写人生。怀着这样的期待，这一年我们开始投身职场，却发现因为没有衡量标准而产生的不知所措，代替了曾以为冲出枷锁后的欢脱。此时，便又怀念起有标准答案的考试，怀念起这种似乎是最公平的竞争机制。

初入职场，我们仍以学生时代的考核思维来看待求职，所以我们仍希望有标准、分数和排名，希望能清晰地知道："交出的答卷有什么错误？怎么改就一定能通过考核？"希望能得到有公信力的评价来解释："为什么选择他，而不选择我？"但是，求职本身就不是一场有标准答案的考试，有些困惑你永远得不到答案。"那么如何才能在求职中脱颖而出，拿到心仪的 offer？"对于这个问题，同样没有万能的公式和答案，网上有太多攻略，针对不同企业、笔试面试的不同环节都有很多经验和技巧。所以我想分享的应该算不上干货，因为最难打造的不是光鲜的履历，最难准备的也不是令人触动的语料，而是理性看待顺境和接纳事与愿违的心态。在我看来，找工作就像找对象，既看硬件指标，也看感觉和缘分。需要努力，但不必强求；需要规划，但心安就好。所以求职并不是单方决定的结果，而是双方的"你情我愿"，用这种心态来看待认可与否定、接纳与拒绝，也许就能更好地对待每次成功与失利。

具体说说，为什么要用找对象的心态来找工作。

首先，拟定就业方向就像确定择偶标准。

其实每个人心目中都有对理想配偶的刻画，虽然你从未把择偶的标准制作成一份清单，也不会依据清单上的勾叉数量来确定感情的归属，但这些吸引你的特质是客观存在的，只是有些能用语言描述并将其量化为一项指标，而有些则难以描述，故将其称为"感觉"。因此，认真地找对象必然不会是满天撒网，而是一个无意识地依据心中的模糊形象来评价他人的过程。同样，找工作需要有规划和方向，而不能盲目用力，这就需要对自己有客观的认识，以及知道自己想要什么。关于"对自己有客观认识"，"一个人想得到什么，就会相信什么"这句话常用来描述对自身才能和前景的评价，人们常对自己的表现太过乐观，有时甚至会乐观到荒唐而不自知，因为自己往往是最好骗的人。因此，若要对自己有较准确的认识，可以综合地看师长前辈对自己的评价，也可以找刚步入职场的师兄师姐要来简历，参照他们的履历和找到的工作来给自己定位。关于"自己想要什么"，"灵魂的欲望是命运的先知"，因此，要运用逆向思维，以终为始地思考。具体到求职，先要看哪一条职业发展路径更可能实现你的目标，进而确定是体制内还是体制外、国企还是私企、留京还是外地，并辅以平台、户口、工资等因素综合拟定就业方向。但需要强调的是，考虑各项因素时，不要过分绝对化，否则将会失去太多机会，例如完全不考虑落户或者只投有户口指标的公司这种绝对区分，不应该是"有和无"的一刀切，而应该是依据重视程度进行"先和后"的排序。所以，找工作就像找对象，"最好的颜色不一定最适合自己，最适合自己的才是最好的颜色"，标准无绝对的好与坏，只要自己的心是安的，那就是好的。

　　其次，投递简历就像寄送情书。

　　简历和情书的质量决定了有没有继续接触交流的可能性。然而，现在人们在进行任何创作之前，都习惯于找模板。模板好不好？它好，因为它告诉你这种类型的创作应该是什么样子；它又不好，因为任何不同情况下的创作都不应该是一个样子的。若你在写情书时，采用的是下载情书模板的方式，那么这封情书一定是失败的，因为文字里没有你的情感；若你再用同一封情书，寄送给不同的对象，那么则是更失败的，因此不仅没有情感，更没有尊重。同样，一份好的简历应该是内容动人和量身定做的。所谓"内容动人"，就是一定要把自己的成绩、亮点、不同之处清晰地体现出来，让 HR 能在 5 秒以内的筛选时间里便被吸引住，例如在重要的奖励荣誉名称之余，标上获奖级别甚至获奖比例；在重要的实习实践经历后，简要而准确地描述所承担的工作和取得的成绩等等。所谓"量身定做"，就是对于你所心仪的求职单位，投递的简历一定要和岗位的职责、企业的文化等相匹配，例如根据企业的用人需求，对奖励荣誉/科研成果/实习经历/学生工作等类别的顺序进行调整；对单项经历的描述侧重点进行调整；确定在整体风格上是简约低调还是华丽高调。所以，若想不被灭灯，须用心地了解对方，同时用心地展示自己。

最后，笔试面试就像真情告白。

如果了解不够就贸然告白，那么会显得草率，不够稳重，感情就算开始也会缺乏基础和信任；如果能力不足就匆忙告白，那么会显得过于自私，不够负责，任何一方的过度迁就都会成为幸福的阻隔。和告白相似，笔试就是证明自己的能力，解决"合格"的问题；面试就是彼此性格品行和了解程度的再次确认，解决"合适"的问题。如何让自己合格，我的心得是不论是否报考公务员，都可以拿出一些时间熟悉行测题型、准备申论素材和提高英语水平，因为这三项是大多数企业笔试考核的方式，此外再对自己重点关注的行业和企业，所涉及的专业知识和新闻事件做必要的准备。如何让自己合适，我感觉这三点比较重要：一是，形象气质要职业化，整洁的形象和合身的正装是对面试基本的尊重；二是，把话讲清楚讲明白，这就需要提前去准备常见问题和练习表达谈吐，例如自我介绍、职业规划、岗位描述、报考理由等；三是，给人感觉比较舒服，"做人是人这一生永远无法改行的行业"，友善与礼貌、进取与谦虚这类气质永远是加分项。

然而，在求职的过程中，我们会偶有不安和怀疑，这是因为我们只能把自己交给他人的眼光去评判。也可能有那么一瞬间，因为面试官的一句话，我们就像被泼了一盆凉水一样，唰的一下，从头冷到脚。语言这东西，在表达爱意的时候是那么无力，在表达伤害的时候却又如此锋利。但就像牵手不一定意味着幸福，分手也不一定意味着不幸，偶有的否定并不等于不优秀，借用一句很俗套的话："如果每个人都能理解你，那你得平凡成什么样?"因此，在求职路上，没有所谓的失败，只有目标暂时的未达成。而工作的选择，也没有所谓的好坏，心安的地方便是值得归属的地方。

最后，祝福大家毕业的时候能找到值得爱的人和值得奋斗的工作，祝大家求职顺利、毕业快乐!

【RUC 求职故事】小楼一夜听春雨，深巷明朝卖杏花

吴雨泽，中国人民大学文学院 2014 级中国古代文学硕士

毕业去向：某银行总行储备生（曾获得多家银行总行、分行管培生及世界五百强企业 offer）

　　找工作的经历一晃已经过去半年多了。站在现在的时间节点，伴着临近毕业的心情，回看半年前的那些经历，还是有些不一样的感觉。

　　我一直觉得自己的求职经历并没什么普适性，也没有什么特别的经验可以向后来者传授。之所以说自己的求职经历没有普适性，原因主要有两个方面：一是作为文学院学生，大多数同学的目标是北京的机关部委、优质的中学或顶尖的媒体，我的就业方向比较小众；二是作为人大的学生，还是以留在北京为主，选择去长三角的并不多。但承蒙学院推荐和就业中心老师热情邀约，便匆匆援笔成文。如果这篇小文能对师弟师妹有些微的帮助，便足感欣慰了。

一、选择：跟随内心

人生有时还是要随性洒脱一些。

我们找工作的时间和精力都很有限，虽然选择众多，但良机稍纵即逝。所以首先要在地域和行业两方面有较为明确的规划。平日里我也接触过很多师弟师妹，他们向我提出求职的困惑时，除了需要在哪些方面努力和如何找实习，也有不少是定位模糊，不知道自己该如何选择地域和行业。对我而言，我知道自己是一个比较随心所欲的人，不想勉强自己。尤其是踏入社会的第一份工作，可能会对以后的自己有深远的影响。对于求职的地域，我很早就锁定了长三角，所以在求职过程中基本没有投过北京等地的单位。在选择行业时，我也曾无所适从，似乎没有哪个行业让我热爱和痴迷。那时候曾去问师兄，师兄说虽然不知道喜欢什么，但是肯定知道自己不喜欢什么呀。于是我历数了公务员、教师、媒体这几类我们学院同学常见的就业去向，发现都提不起兴趣。于是便将目光转向咨询、金融等行业。在大金融领域，银行算是对专业要求不高的一个，加之求职期间看到今年证券、信托等其他行业招聘很少，所以求职的方向就以银行为主了。

总的来看，行业的选择非常重要。首先要适合自己的性格，其次还要匹配自己的能力专长。如果在找工作时屡屡碰壁，可能就要反思一下自己是不是不太适合这类行业和岗位。

我的求职过程大致从下半年9月投递简历开始，到12月基本定下，其中10月至11月的一两个月时间是笔、面试比较集中的核心时段。这个求职季我大致投递了二三十家单位，一半以上是银行业。由于银行业的特殊性，投递简历后基本都需要先做网上性格测试和网上笔试。每家银行的笔试内容各有侧重，题型也不一而足，尤其是像我这种非金融专业的小白，每次笔试前都需要先搜集以往的试题和信息，分别准备。也因为此，银行招聘虽然时段较早，但程序较多，一般要到11月底至12月或春节前才会有结果。

玉兰花开又一年

二、准备：提升能力

有些能力，如果不有意识地锻炼自己，永远不会得到提升。

我把求职需要的能力分为两种。一方面是显见的实用能力。像专业研究、公文写作、视觉设计等外在的技巧性能力，都属于这一种。就文学院的专业特点来看，文书写作能力自然是最重要的技能，包括公文、新闻、文学作品等不同文体的写作。即使以后就业的岗位不是行政文秘，也很有可能因为是文学院出身而被要求撰写各种文字作品。这一类能力更多的是智商的表现。

另一方面则是潜在的综合能力。包括组织协调、团队合作、与人沟通等。其中还包含了情商的表现。在学生组织或日常生活中，我遇见了很多不同的同学。除了性格各异，更吸引我关注的是每个人做事风格的差别，以及真的存在的能力的不同。把同一件事交给不同的人，收到的效果往往就会参差不齐。而我从那些优秀的小伙伴身上，也着实学到了很多优点。

我喜欢工作中那些态度认真、做事负责、头脑清晰、有章法的人。再小的事都有很多种处理方式，每个人选择的都会有所不同。我认为"靠谱"两个字应该是对自己起码的要求。这种"靠谱"首先体现在态度上，不管交给我的任务我是否擅长，我都会当作自己的事，尽己所能，认真对待；其次体现在能力上，就是我有能力保质保量并且高效地完成任务。但这种"靠谱"的特质对很多人来讲似乎都还有不小的距离。很多事情看似细枝末节微不足道，却尤其可以看出一个人的态度、性格和能力。很多事情看着别人做起来似乎轻而易举得心应手，却不知其中需要很多并不显见的技巧。这种能力和技巧、做事的章法往往只有亲自去做了才会有所体会，也只有认真负责地完成每件事以及通过向优秀的小伙伴学习才可能得到潜移默化的提升。久而久之，这种处理问题的能力和技巧会内化于心，成为一个人的综合能力，所以我坚信综合能力强的人面对不同的任务都可以运斤成风游刃有余。我也曾随大流报考了上海市选调生。因为是考着玩的心理，笔试和面试都准备得很少，其中面试仅准备了一天，面试过程中基本都是自由发挥，结果都出乎意料地通过

42

了。当然，大神太多，非我可以望其项背。但我想这一过程足以证明，起码自己具备公务员笔试、面试所想要考查的能力。而这种笔试和面试，技巧固然重要，但绝非关键，最重要的还在于自己平日知识的积累、思维的训练、语言的表达、能力的养成。

三、面试：如实表现

半结构化像讲故事，无领导小组讨论是真实工作场景。

我的整个求职过程与大多数同学相似，大致也是包含投递简历、网上测评、笔试、面试几个阶段。在此着重谈一谈我对面试的理解。

面试的形式五花八门，最常见的基本不出结构化、半结构化、无领导小组讨论几种。在此无法面面俱到，只对企业面试最常用的半结构化面试和无领导小组讨论的关键点多说一点我的理解。

所谓半结构化面试，是指面试官在预先设定好的问题内容和框架结构的基础上，根据面试者的个人经历和回答情况增加一些随机的问题，这种形式结合了结构性和灵活性的特点。在半结构化面试中，为了判断面试者各方面的条件及其与岗位的匹配度，主要是通过背景考察和工作设想两个方面来提问。其中，以"宝洁八大问"为代表的背景考察是必不可少的环节，甚至可能贯穿整个问答。"宝洁八大问"的八个问题基本围绕目标设定与执行力、领导力、规划能力、说服力、团队合作、创新力、分析能力、学习能力这八个方面来设计，又各自衍生出一系列问题，但都万变不离其宗。之所以说要"讲故事"，是因为回答每个问题都要以一个自己经历的事例为主线，而非泛泛而谈。甚至可以说，面试官对我们讲出的自己的经历以及我们在这些事例中的表现可能更感兴趣。

首先，要有好故事可讲。在学术研究中，学生组织中，在实习中，我们都有很多经历，涉及以上提及的这些能力。对我而言，在学院研究生会的工作陪伴了研究生生活的三年，从干事到部长，再到主席，举办过大大小小的活动，上述八个主题的能力都得到了锻炼。在实习、社会实践、志愿服务中，也有一些可以提炼总结的

事例。在介绍自己的故事时，当然可以适度加以美化，突出自己在事例中的优点。但是绝不能用编造的虚假经历或别人的故事来欺骗。即使自己真的没有这方面的经历，或者并非自己擅长，也只能说明自己和岗位不够匹配，或者自己还有不足。"独学而无友，则孤陋而寡闻"，希望大家走出寝室和书斋，在参与活动的组织和与人沟通交流中，让自己成为一个有故事、有好故事的人。

其次，要讲好自己的故事。对于这一类背景考察问题的回答，基本可以按照"STAR 法则"来组织，即 Situation、Task、Action、Result 四个连贯的部分，这一点大家应该都知道。需要强调的是，其中 Action 是重点，Result 要有客观证据，要知道面试官想了解的什么。这些面试技巧大家都可以通过各种渠道了解和学习。我建议大家在求职面试之前，对这八种母题逐一做好准备，包括最佳事例、所有细节、有关证据、自己的心理活动等，都作出完整细致的回顾和梳理，这样在面试中应对大部分的问题都可以得心应手。如果没有准备，可能被要求举出自己某个方面的经历时会茫然无措，要讲事例中的细节更容易回忆不起来。

如果说半结构化面试更多的是对面试者个人经历背景的考察，那么无领导小组讨论则是模拟真实工作环境、观察面试者在团队合作解决问题中的表现。在我看来，无领导小组讨论考查的关键点有以下几个：思维的广度和深度、语言表达、团队沟通和与人交流的技巧、领导与组织协调能力以及知识储备等。并且，通过二三十分钟的小组讨论，从这几个方面也完全可能看出每一位面试者的性格特点、智商情商和综合能力。

我认为，比较丰富的学生工作经历和在国资委等单位的实习经历对我的帮助很大。在无领导小组讨论中，我会觉得就像平时在开会讨论工作，所以基本都能够自如地应对。对于讨论步骤的安排、角色的分配、对团队成员意见的听取和情绪的照顾、对突发事件的处理，也都在平时活动组织中形成了一些有益的经验。当然，无领导小组讨论的形式也多种多样，就连是否首先由每个成员陈述观点，以及陈述观点是按固定顺序还是自由发言，都会对整个面试过程产生影响。而给定的讨论议题也是五花八门。所以我建议如果是自己比较了解和有把握的议题，就可以主动组织大家讨论；如果是不太了解的内容，可以先听听大家的意见。

但无领导小组讨论最重要的不是一定要做 Leader 或者 Time Keeper、Recorder 等角色，而是起码要做一个合格的"idea 贡献者"，在此之上要尽量做一个"good idea 贡献者"，再然后才是努力在团队引导、达成共识、展示成果等方面发挥作用。这里想要提醒大家两点。一是讨论中不要带有攻击性。大家是工作团队中的同事，意见不一致是就事论事，一定要将达成共同的目标放在首位。即使自己对议题很有想法，在讨论中也要注意听取别人的意见、照顾别人的感受，以提升团队的整体表现，实现共赢。二是要抓住时机，而不是沉默等待。我知道很多同学乐于低调，或者觉得对议题没什么想法，又或者插不进话，结果在整场讨论中发言很少，甚至根本没有发言。那这场面试除了可能从别人的发言学到一点经验，基本就是浪费时间了。在无领导小组讨论中，我也不建议大家违背自己的性格，强求一些自认为会加分的角色，有可能弄巧成拙。真实地展现自我应当是面试的核心。

四、心态：自信坦然

宋人方岳诗说："不如意事常八九，可与人言无二三。"

我们常把"找工作"叫作"求职"，这个"求"字恐怕就足以表明其艰难。所以于右任家中高悬一幅"不思八九，常想一二"的对联。所谓"不思"当然不是不反思自己的不足，而是要淡然面对顺逆，不拘泥、不气馁、不因不如意事而消沉。在当今人才竞争激烈的大环境下，可能对于人大同学中的大多数而言，求职仍然不是一件易事。"运到顺时需警醒，境当逆处且从容。"面试的成功或失败，都是常事。但之所以说不易，乃在于想找到非常理想的工作实属不易，而找到一份不错的工作，还是希望很大的。如果我们都明确这一点，就不会患得患失，而对自己更有信心和底气。

因为我的求职地域在长三角，一两个月间往来南北四五次，比在北京的同学还是多了许多旅途奔波。在求职过程中，也曾感到挫折。求职季刚开始的一次就业招聘会，我排了很长的队才进到世纪馆，等了很久之后向两家银行的北京分行投了简历，得到的答复都是"我们不招中文专业的"和"我们不提供北京户口"两句话。

虽然并没有想留在北京,但这一次的尝试也让我觉得黯然。但求职季里收获的喜悦还是远多于挫折的打击。第一次专程去长三角的一个城市参加终面,招聘单位说会在当天通知面试通过的同学第二天参加体检。因为面试当天比较累,等到晚上九点多,我觉得这应该是没希望了,就困得睡着了。十点多醒来,手机还是没有动静。可是小伙伴一直鼓励我,说我相信你,你再等等,会有的。直到将近十二点,电话终于响了起来。我清楚地记得,那是我拿到的第一个 offer。所以,找工作也要"镇之以安,谋之以静"。

此外,求职季最大的感受是,因为面试时间的错叠,找工作不是可以自由挑选的过程。这一点在我开始求职以前并没有明确的认识和切身的体会。直到 11 月我相继拿到前两个 offer,都告诉我必须要在较短的期限内确认签约或先缴纳高额保证金,否则就视为放弃。而那时有很多心仪的单位还在面试进行中。也正因此,选择是件身不由己的事。既然如此,尽人事然后再听天命就好了。但虽然我们是"求职",也不意味着我们是低声下气沿门托钵。找工作一定是一个互相选择的过程。从用人单位选人、用人的角度来看,每个岗位选人的标准往往不是"最优秀",而是"最适合""匹配度最高"。所以对于面试失败的原因,要有一个正确的理解。如果是自己性格不适合、条件不匹配,那就要去找与自己匹配的岗位;如果是自己能力不够,那么即使面试成功,这份工作以后做起来可能也会捉襟见肘穷于应付。所以更重要的是,要让自己有能力、有资格与用人单位互相挑选。

结语

找工作的那段日子,就像只身住在小楼上,听了一夜淅淅沥沥的雨声。但现在回望过去,雨声中夹杂的那些疲惫、萧索都已经淡化了,更多的是冷静的欣赏和理智的思考。一夜春雨潇潇疏疏地下过,次日清早雨过天晴,空气清新,深巷中走来叫卖杏花的姑娘,声音清甜婉转,花香氤氲飘来,又是一个美好的日子。

祝愿找工作的师弟师妹顺利度过听雨的一夜,早日闻见杏花的芬芳。

【RUC 求职故事】我的公考之路

范惠，中国人民大学理学院心理学系社会心理学专业，硕士毕业生

毕业去向：中国就业培训技术指导中心（参照公务员法管理事业单位）

国考得分：行测 81.6　申论 66　面试：89.67

在校期间实习经历：曾在国土资源部信息中心进行实习

　　毕业将至，战线长达一年的公考之路终于尘埃落定，在此记录自己的心路历程，是对自己的一个交代，也希望能给师弟师妹们一些启发。

　　从本科时起，虽然还没有正式考虑过就业的问题，我就被家人和朋友定位为"适合当公务员"。但因为读研，这个问题便又推迟了三年才提上日程。

　　研究生期间，虽然并未明确规划以后的职业发展方向，但心里还是更倾向于体制内的工作，加上想要留在北京，户口又成了一大难题，所以综合考虑，公务员、国企、高校行政老师和事业单位就顺理成章地成为了我就业的最佳选项。在这之中，公务员和事业单位考试属于标准化考试，较为有迹可循，二者之中公务员考试又更为规范。因此，考公务员成了我求职季最重要的任务。

　　父母很早就催促我早早准备，因为他们听说的都是"某某考了好几次都没考上""考公务员可不是一件容易的事情"，所以在研二下学期，我就做好了充分的准备：最新版的行测和申论教材，历年真题和模拟题——只是囤起来求心理安慰。直到暑假，我找到成功通过省考的高中同学取经，得知了粉笔公考 APP，还有《半

月谈》、《人民日报》评论、公务员考试网等对考试有关的微信公众号，这才开始一点一点步入正轨。

比较系统的复习是从九月份开学开始的，用的就是公考界无人不知的中公版"红皮书"。我比较多的时间花在了行测上，首先按照章节分模块了解行测到底考什么，每一部分内容的考点、重点和难点，包括解题技巧，就这样每天去图书馆上自习，辅以粉笔公考 APP 的练习题，用了一个月的时间，把行测的内容都搞明白了，剩下的就是熟能生巧，提高做题速度。在这期间，也看了网上一些免费的视频课，比较喜欢的是必胜课（很喜欢大斌哥），但给人的感受是这些课程主要讲的是解题技巧，而且是在不明白原理的前提下，把正确答案选出来，主要授课对象是基础比较差的人群。都说行测难，但其实考的都是一些基本功，比如言语理解和数量分析，都是长期以来积累的硬功夫。不太准确地说，行测考的就是高考前除了英语之外的所有科目——包括物理化学生物和政治地理历史，再加上一些法律常识。能上人大的小伙伴，基础应该是不差的，所以我个人认为没太大必要去花钱买那些课程。

知道了行测考什么，关键是如何才能拿高分。就像很多人考完试会说的：行测没那么难，就是时间不够没写完。所以在我看来，最重要的就是要练习在规定的时间内把所有的题目都做完，哪怕有少数几道是蒙的。这就需要首先培养做题思维。比如很多人最头疼的数量分析部分，刚开始练习的时候，我还总是按照学校中学习的解题思路，一点一点进行细致分析，力求算得清楚明白，一道题可能得花七八分钟，最崩溃的是有时结果还算不对。但实际上，我们要做的只是在最短的时间里选出正确答案，这就可以运用一些小技巧，比如尾数的奇偶性、整除的特性等，只要多加练习，也并没有那么难，最起码不至于要到"全部放弃"的地步。然后就是模拟考试流程。有的同学在平时练习的时候可能觉得先提高正确率再说，所以不限制做题时间，这是非常错误的。从 6 月底左右一直到考试前夕，粉笔公考 APP 上都会有模考大赛，考试时间和题型都是仿照真实考试设计，每次考完之后会有分数和排名，并且会有分数的变化趋势和预测分，这对自己实力算是比较好的一个预估。除此之外，买的真题和模拟题建议留到考前再做，这样真实感更强。比如，我在考前两周的做题顺序就是模拟题一二三四和 2010—2016 年的真题（按时间顺序），这样最后做的一套题就是上一年的真题，应该是和今年最相近的一套题。关于做题顺序，未必要按照试卷的顺序，完全可以摸索出最适合自己的顺序，比如把资料分析和数量分析放在最开始做，这时时间充裕头脑清晰，比放在最后时间不够蒙的正确率要高一些；而言语理解是我们的语文基础，这个很难在短时间内提高，但是也不会太差，所以即使时间紧张，略读一下再选也不会错太多。总之，要知道自己的长处和短处，找到最适合自己的模式，通过多次练习，一定可以做到在规定的时间里完成试卷。对了，记得留出涂卡的时间。

说完行测来说申论。其实一开始我是比较怕申论的，由于畏难的情绪，申论拖到很后面才开始复习，所以得分并不算特别高。相比较行测，申论不太能靠突击，主要还是平时的积累。可以多看《半月谈》《人民日报》和新华社的评论员文章，多学习官媒党媒对一些问题是如何分析和评论的，确实很有帮助。不要想当然地以为那些文章都是官样文字，假大空套话连篇，还真不是，其观点的角度、格式的排比、用词的精妙、语言的优美，不得不让人觉得作者能当官方的笔杆子确实水平一流。多读读这些文章，好词好句记下来，不仅对申论有帮助，对后来的面试也有大有裨益。复习主要是了解题型，其实做真题能最快了解。但是不要被答案误导。一定要明白公务员考试，官方是从来不会放出真题和标准答案的，所谓的真题都是"来自考生回忆"，但答案就是各家辅导机构自己编写的了。行测都是选择题，正确答案是什么一目了然，也没有什么争议，但申论的答案就各执其词了。所以对于申论的答案，真的是仅供参考，并不一定是和买题时送的标准答案越接近越好，那样也许你训练出来的是"中公版申论"或"华图版申论"，和真正的给分标准可能会有出入。在这里推荐大家半月谈时政教育 APP，虽说也是花钱买视频课程，但是相比较社会上的辅导机构，我更相信来自较为官方的声音。不过这个也见仁见智了，说到底，还是要摸清出题的思路，并找到应对的办法，这个没有什么捷径，还是得多加练习。别人告诉的所谓捷径，都不如自己摸索出来的更适合自己。

过了笔试这一关，我们再来说说面试。面试名单公布后，学校特别给力地组织了两天培训，把面试的流程、内容、题型、解答方法都系统培训了一下。接下来进

入寒假，这时候有很多人给我推荐辅导机构的面试培训班，3～7 天，但都价格不菲。一方面我觉得不值那个价钱，另一方面也担心经过辅导的面试过于"套路"化，所以没有报名参加。寒假在家期间，我拿着小本随时记录各种精彩的语句，有的是从新闻联播里看到的，有的是从上面说到的微信公众号里看到的，比如"政策有温度，执行有力度，思维有角度，就不怕事情有难度""既要舌尖上的营养，也要舌尖上的教养""好的舆论可以成为发展的推进器、民意的晴雨表、社会的黏合剂、道德的风向标，不好的舆论可以成为民众的迷魂汤、社会的分离器、杀人的软刀子、动乱的催化剂"等等。如果能在面试中说出这样高水平的话，显然会非常加分。返校之后，距离面试还有两周。在这期间，人大的小伙伴们非常给力，自发组成面试练习小组，有练习无领导讨论的，有练习国考面试题的，有练习京考面试题的，在明德楼的自习室里，把桌子摆成真实面试的样子，一个同学当考生，其他同学当考官，有读题的，有计时的，特别像回事儿！不得不说，坐在考生席听题思考然后答题，比起坐在考官席侃侃而谈评论，感觉确实不一样，会让人有一种临阵的紧张感。不过，克服了最初的紧张和不适应，慢慢就能顺利答完一整套题了。就这样每天坚持练习，一直到考前的最后一天，一定要坚持每天开口说，效果才能保持。虽然我没上辅导机构的面试培训，但感觉原理应该和这差不多，就是创造环境让你每天都开口练习。学校组织的面试培训中，老师就说过，有的同学在培训班里练习得非常出色，然后回家过年了没有坚持开口，回来就和没上过培训班一样了。所以我个人认为，借力于人大优秀的小伙伴们，完全没有必要花大价钱去上培训班，大家互相帮助，一起练习，都可以达到理想的效果。

最后，还是想说一些自己的感受。考公务员是一个漫长的过程，以国考为例，10 份报名，11 月底考试，1 月初查笔试成绩，2 月份面试，3 月份政审，5 月份公示，6 月份签约。在这期间，会经历白热化的秋招大战，彼时每个人都在积极地投简历、跑面试，很难说不受影响。我 9 月和 10 月也投了很多简历，参加了三家用人单位的面试，但无一例外都以失败告终，也让我对自己有了清晰的认识。一直以来我都是比较擅长考试的，所以对于公务员考试这种规范化考试，还是可以通过努力准备来取得一个比较好的成绩的，而很多企业的面试，在短短几分钟内就要把自己的优势表现出来，其中不可控因素太多，对我而言并不是很擅长。而我也缺少在企业的实习经历，在求职中并没有什么竞争力。我之前在国土部信息中心的实习让我对体制内的工作氛围和环境有了真实的感触，自己也比较喜欢，所以在这方面的准备也多一些。所以，给师弟师妹的提醒就是，尽早认识自己，找到自己喜欢的和合适的，并为之努力。求职也是一个有风险的事情，比如考公务员、准备申请博士、找工作，其实同一时段只能全力以赴好好准备一个，所以想清楚自己的方向，至关重要。同时也要考虑到最坏的结果，比如公务员没考上、博士没申请成功，但是又错过了最佳招聘季，怎么办？国考、京考、家乡的省考、联考，着重参加哪个，在哪里发展？这就需要考虑到自己的实际情况，做出权衡。

对于很多同学来说，考公务员是求职的一个重要选项，希望我个人的公考经历能对师弟师妹们有一些启发。

【RUC 求职故事】念念不忘，必有回响——法科学生求职那些事

徐泽文，中国人民大学法学院法律（法学）专业 2017 届硕士毕业生

在校期间实习经历：中伦律师事务所、中国证券登记结算有限公司、海淀区人民法院

毕业去向：全国人大机关（中央选调）

写在离校前的最后时光

时光飞逝，离毕业还有不到一个月的时间，回想刚刚过去的一年里，自己跌宕起伏、崎岖坎坷的求职经历，恍若隔世。去年的这个时候，我对未来感到非常迷茫，想不到一年后的自己坐标方位在哪，胸前又挂着哪家单位的工作牌。

就这样，带着对未来的迷茫和憧憬，从去年 9 月结束律所实习，到今年 4 月提交就业协议尘埃落定，我先后投递了超过 30 份简历，参加了大大小小不下 20 余家单位的笔试面试，涵盖了从直属央企、金融机构、律师事务所、党政机关等各个行业、各种性质的单位，期间既有过简历被拒，面试结果石沉大海，挂在最后一轮面试时的忧伤；也有过收获红圈所留用机会、四大银行总部管培生、大型央企总部管培生等 offer 以及国考公务员录用资格时的激动，个中酸甜苦辣，经历过的人应该都会感同身受。一般来说，求职经历大都分为"简历筛选—笔试—面试—录用通知"这样四个环节，接下来我就结合自己的经历，谈谈不同企业不同阶段需要注意的那些事吧。

简历：展现最真实最亮眼的自己

"工欲善其事，必先利其器。"要想拿到 offer，首先必须过的就是简历关。曾听某家世界 500 强国企 HR 在终面的时候说过，今年他们收到的简历超过 4 000 份，而发给笔试通知的不会超过 1 000 人，也就是说将近 75% 的人会止步在求职长跑的第一轮。如何让你的简历脱颖而出，不致"泯然众人"，让 HR 对你这个人有那么一些期待，就是简历必须要达到的效果。

结合后来面试中 HR 经常问及的简历信息来看，我认为求职简历中最重要的是三项内容：教育背景、实习经历、技能资质。首先是教育背景，这在某些公司招聘中几乎是硬指标，但可以说人大人的身份在求职市场上，完全是不输清北的实力存在，尽管网上经常流传各种公司内部名单，但至少还没听说过把人大排除在外的，各位师弟师妹大可放心。其次是实习经历，几乎所有的 HR 都会感兴趣，一方面看实习机构的行业影响，另一方面则关注你实习期间的具体工作内容，因此在简历上不能仅写自己在哪实习过，最好还能简要说明自己的具体工作内容，参与过的项目或服务过的客户等，才能让 HR 眼前一亮。最后是技能资质，主要就是指各类职业证书，其中最重要的还是外语证书，一项不错的雅思或者托福成绩往往能保证你直通笔试环节，而一些专业性证书现在也几乎成了标配，如法律专业的法律职业资格证、英语专业的专业英语八级等，如果有一定要写上，不能给 HR 没有通过的错误印象。

除了这三个方面，其他方面比如在校成绩、奖励荣誉、学工经历、科研成果等也都是加分项，但并不是统统搬上简历，一定是重要的有含金量的，一定不能超过一页纸。当然，照片的误区也是老生常谈，简历上一定要是证件照，其他照片将会直接导致通过概率下降一半。

笔试：以不变应万变

根据我参加的经历来看，基本单位的笔试可以划分为两类。一类是专业性较强的，比如我参加过的律师事务所笔试，基本以考查外语能力和专业能力为主。比如中伦律所的笔试题就是由中翻英、英翻中以及案例分析构成。我想其他专业性较强的单位也有类似的考查。另一类则是通用性的，适用于大多数的单位，包括国企、券商、银行等，考查的形式基本都参照公务员考试中行政能力测试，比如数字推理、语言逻辑、统计计算等。但与公务员考试不同的是，大多单位还会增设英语考查，以选择题和阅读理解为主，部分单位甚至会出现英语听力和英文写作。因此，给师弟师妹们的建议就是，无论是否有意向报考公务员，都应当抽一些时间练习和适应行测考试，在求职过程中将会有很大的帮助。我见过很多专业能力很强，但没有针对性训练行测考试的同学，止步在了笔试环节，非常可惜。

除了强化行测锻炼外，在笔试环节当中还经常会遇到类似职业倾向和心理素质的测试，很多同学都会觉得选项之间很难取舍，甚至有些同学会因为题量过大而乱

填一气，但无论是过于纠结还是过于轻视都是错误的，我认为单位设置此类测试，也是帮助大家分析自己的性格是否适应这份工作，所以大家大可按照自己的真实想法填写即可，虽然此类测试一般不会筛人，但我也听说过因为随意填写而未能进入下一轮的真实例子。

面试：认识自我，认识单位，坦诚沟通

通常而言，单位都会设置多轮面试来全面考察你的各方面的能力，常见的方式无外乎无领导小组群面、结构化/半结构化单面。在面试当中，除非是像律师事务所这类专业性较强的单位，一般都是由该单位的人力资源部门统一组织，那么面对不同专业不同求职意向的同学，人力既不可能也无必要过多考查专业知识，仍然是以考查职业能力和发展潜力为主。

无领导小组群面，通常会放在面试的第一轮，能够最大效率地进一步缩小考查范围。对于无领导小组群面，除了掌握技巧性的基本知识外，更需要对合作有深刻的认识。一方面大家竞争的是同一职业，谁都会希望在小组中有更为突出抢眼的表现，但我觉得与其和他人发生直接的观点争执，倒不如创新思路、补充遗漏、适当总结，这些非对抗性的发言往往更能为你赢得组内成员的支持；另一方面，无领导小组群面其实也是模拟了日后职场的工作环境，面对同事之间的竞争，如何能有效地保持工作的顺利推进，团队的和谐更为难得，所以适时妥协、关注弱者，要比一味争强好胜、据理不让，更让 HR 感到舒服。

而对于结构化/半结构化面试，则更多时候是单位与求职者相互了解，增进互信的一个过程。我一直坚信一个理念，那就是真诚待人。网上有很多自我介绍和常见问题的回答模板，我并不建议大家去死记硬背，因为你要相信 HR 数年见识过的套路，绝对比你几个月里看的模板要多得多。所以，应对这种面试，一方面要能全方位的认识自己，以简历为切入点，对自己简历的信息做到了然于胸，就能很自然地回答 HR 的各种提问；另一方面也要提前了解单位，包括最新动态、企业文化以及岗位需求，这其实也是表现对单位的尊重，因为只有热爱一个单位，才会去用

心了解它的一切。在自我介绍时，如果能在最后结合企业的文化或愿景表达自己的求职愿望，通常都能获得 HR 的会心一笑。

录用通知：从心所欲，无悔选择

当通过层层选拔，收到体检通知的时候，恭喜你，离你心仪的职位已经是指日可待了。如果你有幸早早地拿到 offer，或者同时面临多个选择，就会经历所谓的"甜蜜的烦恼"，如何进行取舍或许每个人也会有不同的理解，但有些注意事项还是给师弟师妹提个醒。

首先是要把握求职的节奏。通常来说，绝大部分单位招聘都会放在秋季，而录用 offer 的发放又以 12 月至 1 月为主，因此如果在 11 月乃至更早就获得用人单位录用意向的，一定要慎重作出考虑，毕竟每位毕业生只有一份就业协议。当然遇到特别理想的工作，也可以毫不犹豫地作出选择。

其次是要扩展信息的渠道。全方位了解单位实际的工作氛围、岗位职责、薪酬待遇等。一方面可以通过与 HR 坦诚沟通，打消自己的部分顾虑，另一方面可以寻求在该单位工作的师兄师姐的意见，以及在应届生等求职网站、论坛中寻找答案。

最后是要端正求职心态和观念。在选择单位的时候，不应过分看重福利薪酬，其实作为进入职场的第一份工作，应当更看重这个单位的平台价值和具体岗位的成长性。同时自己也要端正心态，要有从基层干起，从基础做起的思想准备，不宜对工作内容抱有不切实际的过高要求。

结语：不忘初心，方得始终

以上就是在求职过程中我自己的一些感悟和心得，仅供师弟师妹们参考，希望大家在即将开启的新一年的求职季中，戒骄戒躁，看清自己的选择，坚持最初的梦想，认真总结每一次求职的心得和收获，及时调整求职瓶颈期的负面情绪，积跬步而致千里，相信总有那个你心爱的岗位，在不远的前方等你。

【RUC 求职故事】一场真正的成人礼——我的求职心路

李都，中国人民大学历史学院中国近现代史专业 2017 届硕士毕业生

在校期间实习经历：中央电视台、光明日报社《博览群书》、中科院附属实验学校历史教师

毕业去向：北京十一学校晋元分校

如若远方扑朔，至少让当下无悔

最终走上三尺讲台，即将开启"蜡炬成灰"的教书生涯也是令我自己颇感意外的，随性而为的生活态度使我对自己的职业选择始终缺少明确的规划。在繁忙的学业之余，我凭着自己的一点喜好，先后在中央电视台、光明日报社从事过编辑类的实习。虽然也想提前品尝一下与文字有关的工作是否如我想象的那般可爱可亲，但更多的却是抱着一种体验生活的享受态度，所以尽管每一次实习都使我心情愉悦而充满怀念，但都没有成为最终的职业选择，而我也不以为憾。真正使我内心颇感煎熬的是对于是否读博士的纠结。导师的期待和自己在学术写作中获得的快乐一度带给我坚持走下去的热情，但是体验生活本身的执念和偶尔弥漫心间的畏难情绪，最终驱使我选择了一种相对平凡和简单的生活。我想，毕竟生活本身才是最重要的。

当时种种复杂和矛盾的心情使我度过了焦灼而茫然的九月，然而等纠结到提交博士申请的最后一刻，"兵荒马乱"的招聘季也便在十月的些许寒意中不请自来了。

也许人只有在真正需要做出选择的时候才知道自己更想要的是什么。在铺天盖地的招聘信息面前，我发觉自己最向往的还是教师，这或许是历史专业的一种"宿命"。从现实意义上说，当老师确实可以使扎根大城市的生活少了很多后顾之忧，但更为重要的还是可以坚守着陪伴了自己七年的专业，并将自己对于历史的热爱传递给更多聪明的学生。在"历史无用"的专业偏见下，我很开心自己始终保持着对这门学科的认同。为此，我临时"抱佛脚"地来到了一所中学实习，这段短暂的讲课经历使我在后来的求职面试中不至于太捉襟见肘。

求职是一场"韧"的战斗

我的第一场教师面试是一次惨痛的失败经历。当时，某中学的面试形式是当众进行一段三分钟的自我介绍。我重点讲述了自己的科研成果以及获奖经历，希望以此弥补非师范专业的出身和欠缺的实习经历所造成的教学经验上的不足。但是漂亮的简历并没有让我接到进入复试的电话。虽然这所中学也并不符合我原本的期待，但还是沮丧得不能自已。不过生活总是处处充满转机，我就是在这个时候收到十一学校的初试通知的。这是我在一个饥肠辘辘的晚上站着听完宣讲后，郑重投上简历的学校，心里一直非常重视。因此我只好马上收起悲伤，转而去反思究竟什么原因使我的自我介绍没有得到认可。后来我想是气场吧，当众夸奖自己总归是缺少底气的。我至今很感谢这场失败的面试，它让我在求职初期就迅速找到教师这一职业的社会要求以及自己的不足之处，并马上做出反思和调整，以更好的状态迎接更为重要的机会。

十一学校的初试是一场笔试，选择、简答和论述题都有，偏重考查基本的学术积累。复试从早晨开始进行，求职者按照抽签顺序相继拿到试讲题目，手机被装在信封里上交，整个过程非常公正。我们所有人的题目都是"第二次工业革命"，十一学校还专门安排了学生评委，和老师一起提问并参与打分，因此整个的试讲环境就是一个真正的教学现场，我个人认为非常科学。在求职的过程中，我发现不同中学对于科研成果应用在教学中的态度有很大差异。一些中学会直接表示要回归中考高考，但是十一等学校就非常重视新的学术观点在教学过程中的展示。因此我在试讲的过程中，并没有仅就第二次工业革命的科技发明来谈，而是将两次工业革命时期的西方与中国进行了一场对比，试图使同学们对于中西方在平行时空下的不同历史进程有一个清晰的认识，而这在后来同学和老师的提问中也得到了关注。我充分吸取了上次自我介绍中的失败经验，整个试讲过程完全放松，努力使说出的每一句话都掷地有声，从容而自信。午饭过后，进入下一轮的名单已经贴在了公告栏上，有很多人离开。下一轮面试是无领导小组讨论，根据一个五分钟的视频展开讨论，每组题目不同，但应均与教育类的问题相关。这一环节只要正常发挥，适当表达自己的观点都不会被淘汰。

一切面试环节过后，人力老师告诉我们本部的历史老师已经饱和，因此留下来的人都拿到了一张分校双选会的邀请函，我在志愿上填了晋元分校。校长面环节，我被问到了最近读了什么书，我把读的书和正在写的学术文章都讲了一下。还有一个老师让我讲讲简历上的实习经历，我也详细阐述了自己在各类实习中所做的工作以及取得的成果。尽管其中很多都与教师无关，但实习中所积累的经历和留下的成果还是引起了老师们的兴趣，我也最终被有幸录取了。

当夜无眠。

从求职季一路走来，我想每个人都经历了人生中一场空前的战斗，若想最后不输，需要一种韧性。求职是一场真正的成人礼，它是我们踏入社会的起点，使每一个人深切地感受到"社会要求"和"自我期待"之间的莫大差距。我们需要做的，是不断反思然后作出调整。如果要谈求职经验的话，我想最重要的是保持自己不断学习和成长的能力。因为在处于求职状态的时候，学历、专业、实习经历等很多硬性条件已经无从改变，但我们仍可以在短时间内提高一些重要的技能并展现出莫大的潜力。如果远方仍然扑朔迷离，那也要把握好眼前的生活，所有一切都将为日后的厚积薄发积聚力量，而每一个小的成果也都有可能在某一时刻大放异彩。如果社会对于职业技能的要求与自己的期待不符，那也应暂时放下过去的光环，去不断适应和完善。而我们内心的理想也不必忘记，它将永远提醒着我们，未来的自己也许会有更好的可能性。

最后，作为一名历史学专业的毕业生我想说，历史总是充满转折，生活更是处处转机。我们能做的大概就是不忘理想，坚韧而行，永远寻找下一个更好的可能性。

【RUC 求职故事】锻炼自己，迎接挑战

胥舒骜，2013 级国际关系学院硕士研究生；在校期间曾于中国人民解放军某部服役两年

实习经历：先后于腾讯微信房产频道、拓宏伟业总经理办公室实习

就业去向：新华社总社

对大多数人来说，人生是追求进步的旅程，而工作对于个人成长、成才、实现个人理想与价值可谓具有至关重要的作用。首次择业时做出正确选择更是有助于刚迈出校门的青年学习知识、开阔视野、积累人脉。能有机会在此分享本人的求职经验，我深感荣幸。对于在校生而言，如何能找到心仪的工作？只有不断充实自己、

锻炼自己，再辅以正确的求职策略，才能在求职道路上过关斩将，取得成功。

今天，我想为大家讲几件自己的小故事，希望能够对大家有所启迪。

一、改变身材，改变自己

在大三之前，我是一个彻头彻尾的肥胖界人士，180 的身高与 200 斤的体重"相映生辉"，这让我对路人施加了莫名的压力。纵然性格活泼开朗，平日里积极参加学生活动，但还是难掩一种懒散的气质，同时，伴随超重而来的还有体检单上各种不合格的通知。改变自己的决心在一夜之间下定，我开始了艰苦的塑身之旅。减脂期间，我谢绝一切请吃、吃请，严格控制三餐，并进行了堪称严酷的训练：每天跳绳 10 000 下，三伏天身缠胶布进行万米长跑……"自虐"了两个月后，我又有幸认识了一位精通健身的师兄，在他的指导下进行了科学有效的训练，让我的身材日趋正常，体能日渐增强；也在他的带领下，我们创办并壮大了中国人民大学健身协会——这也是我学生生涯里难忘的回忆。热爱运动的好处对任何人来说都是显而易见的：优美的身形，强健的体魄，阳光的气质，开朗的性格——这也为找工作面试时留下良好的第一印象提供了条件。

二、艰难困苦，玉汝于成

我的军旅生涯可谓学生时代对于我求职帮助最大的经历。中国人民大学和中国人民解放军是硬币的一体两面，将青年塑造得完整而成熟。母校赋予我们人大人的知识和修养，塑造了我们的品格；而部队则在此基础上进一步打磨，锻炼身体和意志，洗去骄傲和浮躁，进行灵魂的锻造，并赋予我血性，以及关键时刻敢于挺身而出的勇气。在我求职的过程中深有体会，作为一名退伍军人，自带的自信与气场颇受用人单位青睐。此外，参军两年，更为有志于到机关、基层工作的青年提供了宝贵的学习、实践经历。第一，你可以学会服从和令人服从，这对于提高团队效率和执行力大有裨益；第二，你会了解制度的巨大力量，并将学会在日后的工作中依靠制度、运用制度，乃至制定制度；第三，可以管中窥豹，了解基层工作的程序、内容乃至实质，并对于基层工作的琐碎性、复杂性有充分认识，对以后无论是扎根基层、下放基层抑或是走访基层都颇有帮助。可以说，短短的两年，如果用心学习，能够很快了解体制内的思维习惯和话语体系，从而在应聘体制内的工作时游刃有余地展现自己，并与用人单位达成一致意见。拥有这些经历与体验，再加上求职时的充分准备，一份满意的 offer 也就不难取得了。

三、知己知彼，百战不殆

"知己知彼"这一策略是兵家先贤孙武为我们留下的宝贵财产，同样也适用于竞争激烈的求职季。在应聘一家单位前，首先要问自己两个问题：该岗位需要具有怎样能力的人才？我身上有怎样的品质或能力与之相配？随后按图索骥，了解该单位的历史、岗位职责和定位、正在着手的项目和未来的战略规划，"查不厌精，学不厌细"，同时准备好对于相关内容的个人思考以及自己为何适应本工作的充分阐述。其次，要思考对方会对自己提出什么样的问题。简历中的内容是面试官询问的重点之一。对此，求职者除了要记得自己干了什么，更要深入思考自己收获了什么，而这些收获对于应聘的工作和岗位有何裨益。最后，要准备向用人单位提出的问题。以合理的方式主动提出问题，既展现了求职者对于求职单位的重视和认可，而高明的问题本身也足以展示求职者自身深入思考的能力。一般来说，单位得意项目的高明之处和前辈高人的精妙做法可以作为问题的内容，在此提出，供大家参考。

以上，就是我的成长之路也算是求职之路，在此分享给大家。此外，我也要对正在求职和准备求职的同学们说：工作固然是人生大计，但我们认真对待之余也要放平心态。相信以人大同学的优秀，肯定会心想事成；以人大校友的优秀，肯定"一个都不能少"！

最后，祝大家都能找到心仪的工作，并在岗位上向着"国民表率、社会栋梁"的目标阔步前进！

【RUC 求职故事】坚持、努力、踏实地走好求职路

桂从路，中国人民大学国际关系学院政治学理论专业 2017 届硕士毕业生，在校期间曾参军入伍服役两年，毕业十星"开拓之星"获得者

在校期间实习经历：曾于新华社实习，两年新媒体创业经历

就业去向：人民日报社

从 2016 年 9 月开始求职到 2017 年 3 月中旬接到人民日报社的录用通知，在这大半年的时间中我经历了国考失利时的彷徨，感受过游走于得失之间的焦虑，甚至曾在面试前一晚彻夜难眠。现在这一切都变成往事，形成沉甸甸的记忆，其中的酸甜苦辣唯有亲身经历后才有体会，但有一些经验可以拿出来分享，但愿对即将求职的各位有所帮助。

认识自己是第一步

实话实说，我是在仓促中开启求职模式的。2016 年 9 月某天下午，我结束司法考试最后一门的奋笔疾书便匆忙进入中央选调生校内选拔考试的考场。由于没有丝毫准备，结果顺理成章地落选。而在我决定求职之前一直在创业，因此简历中并没有其他同学丰富的实习经历，唯独只有多年前在新华社的一次短暂实习。在找工作时我反复思考的问题是：我和诸多竞争者相比有哪些优势？

对我来说，认识自己是求职的第一步。这种认识需要通过不断的追问和反思来找到。在人大，六年的政治学专业学习让我具备了基本的理论素质和观察视角；在大学担任学生组织的宣传部部长、在高礼研究院担任宣传专员，以及在部队服役期间从事新闻宣传工作的经历，让我对宣传领域情有独钟。因此在求职期间我并没有广撒网，而是将目标聚焦在宣传部门和新闻媒体单位。

我曾在本科期间参军入伍，也曾退役之后在学习之余进行新媒体领域的创业，部队经历和创业实践给了我极大的帮助。军队的历练不仅让我对基层工作有了切身的体会，更重要的是锻炼了不怕吃苦和敢于担当的精神，而这恰恰是用人单位看重的地方。在新媒体领域的创业经历丰富了我对媒体的认识，帮助我培养媒体思维、提升创新能力，在当前媒体融合发展的趋势中大有裨益。因此，关于求职，我的第一个建议是：通过认识自己来找到热爱的领域，然后持之以恒地付出努力。

选择需要理性、更需听从内心

有人说求职就像谈恋爱，有的紧追不舍，有的一见钟情。被人民日报社录用算是

后一种。人民日报社的笔试基本上是缩小版国考外加新闻基本理论，两轮面试，第一轮由全社统一进行，第二轮是部门领导面试，我报考的评论部还要求现场 40 分钟内结合给定材料写篇千字左右的评论。在整个考核的过程中，平时积累、文字驾驭和问题分析能力至关重要，基本毫无技巧可言。接下来我想和大家分享的是另一个话题：选择。

接到人民日报社人事局的电话时，我正在从图书馆到中区食堂吃饭的路上，报社老师告诉我已被录用，同时要求三小时内必须答复，我当即确定签约意向。事实上，那时我已接到一个不错的 offer，另一家中央媒体也通过漫长的实习考察和政审体检进入最后阶段。在国考、京考相继失利的相当长一段时间内我很焦虑，考虑到并非科班出身，在媒体招聘中缺乏信心；3 月份相继接到几个 offer 又感到焦虑，因为各有优缺点令人难以抉择。为此我还咨询了许多前辈熟人，他们给出的建议居然十分平均。但当我最终做出这个未经审慎思考的决定，内心的焦虑却开始平息，因为这就是我内心的选择。

求职季是学生生涯的句号，但这个句号又是各种各样道路的开端。因此，关于求职，我的第二个建议是：面对选择，除了理性思考之外，更需要听从内心。我们习惯了患得患失，习惯了在比较之中精心考量自己的得失，但却忘记了未来充满变化和不可预期，唯有不忘初心才能方得始终。第一份工作固然重要，但它的重要性绝非通过工资、待遇以及职务高低来体现，而是通过这份工作是否能让你持续提升，并帮助我们走向梦想中的未来。这种关于未来的期许是因人而异的：巧合的是，另一个同样接到签约通知的清华同学在思考三个小时之后选择了放弃，最终选择了我放弃的那家单位，因为对他来说后者才是他心之所向。

以学生心态走向成熟

就业对于在校生来说是真正的成人礼，从校园迈入职场不仅是身份的转变，更重要的是人生进入崭新阶段，这个阶段必然会面临新的问题。在求职中，感受到用人单位对应届毕业生的一个迫切要求是务必尽快适应这一转变过程，而我的建议是以学生的心态走向成熟。

成熟并不是圆滑世故、八面玲珑，而是一种做人办事的风格，它至少包括实事求是的精神、理性思考的习惯、干事创业的标准以及沟通协调的能力。我曾经因为一次面试中面试官吐槽应届毕业生一无是处的行为而拒绝进入下一轮面试，后来想想这也许只是体现了个别单位的看法以及我们应届毕业生自身本来就存在一定的问题。在一家中央级媒体的无领导小组面试中，我见识到个别同学滴水不漏的口才和"霸气侧漏"的掌控技巧，以及其能够适时表达对该单位以及领导的崇拜之情，但我在后面的选拔中再也没有见到他。这也许代表着两个极端，而我们要做到的是努力提升自身专业能力并培养职业精神。

学生心态强调的是永远保持谦虚好学的品质，尤其对于求职中的应届生来说，放低自己的姿态、虚心学习他人格外重要。一些求职者在简历中不突出自身优势而是罗列大量奖项，在面试过程中面面俱到地谈论学校的辉煌历史，不了解实际情况地妄加判断批评，甚至在面试官前谈人生经验，这些表现个人认为都不可取。摆正自己的位置，正确看待过去的成绩，学习他人的优点，这样才能不断提升自己。

以上是分享给大家的几点求职感悟，未必有多少借鉴意义，但句句是肺腑之言。最后想对各位即将求职的同学们说：在逆境中保持希望，在顺境中勿忘初心，一步一个脚印走好求职路上每一步。

【RUC 求职故事】秋招之路　感谢有你

陈芃丰，中国人民大学哲学院 2014 级硕士

求职期间获国企、外企 offer，另有国考、上海选调生笔面试经历

从 2016 年 9 月正式进入秋招季，到现在确认去向，回顾半年来的求职时光，在煎熬与耐心等待中收获，在自信与接受帮助中成长。随手记录一篇，与大家分享求职路上的二三事。

准备

对于求职者来说，有几个必要且重要的时间点可以把握。就自身而言，在入学

初期确认自己的毕业意向后，便将自己的时间轴做了划分，研一研二进行基础课程学习及求职相应准备、研三正式进入求职之路。

第一学期至第三学期：完成规定课程；其中申请暑期出国交流一次、暑期实习一份。

第四学期：参与春季实习、撰写毕业论文开题报告；无论是选择求职还是继续求学，对于三年制的硕士生而言，研二这一年至关重要，在这期间若能对将来的就业方向有所把握，则可有针对性地进行准备。倘若有意于进入企业工作，每年四月会有部分企业开放暑期实习申请，此时研二学生可以多加留意，提前感受来年春招。在这一阶段若是申请顺利，收到录用且通过暑期实习考核者，将有留用机会。这一年里，我曾申请过腾讯、上海家化、旭辉地产及其他企业公司的暑期实习面试，从群面到单面，从无领导小组到辩论赛，逐步锻炼自己的胆量，结识更多的朋友，不断学习分享，也正式确认了求职方向。倘若有意于参加公务员序列，则建议一定要充分利用研二暑假备考，而不是等到秋招开始后，才在观望、犹豫中随意参加考试。公务员笔试行测部分如果进行系统训练，提升效果较为明显；申论部分则在于积累，同时在准备中也应注意避免套路化、格式化。

第五学期：参加秋招、确认课程完成情况。

关于工作地点

工作地点是求职过程中十分重要的因素之一，在北京、在人大，可以了解到各地的招聘信息。对于求职者而言，应考虑清楚未来工作地点、是否有必要前往当地求职以及能否接受长期异地往返的交通成本、时间成本。也有不少同学在求职初期选择观望，对工作地点没有明确意向，那么在面试集中期便需要不断往返，及时调整状态。

关于在线申请、简历投递

建议求职的同学要有一个大致的方向和心理预期，一味海投广撒网会耗费过多精力，一旦遇到面试冲突，也很难取舍。

关于单位、职位

如若收到面试机会，建议求职的同学要了解自己参与面试的单位、职位具体信息，通过 Excel 表格记录自己的投递信息，一则能使自己保持清醒，在收到面试机会时能够及时搜索对应记录；二是作为一份独一无二的成长经历加以留存。

第六学期：办理手续、修改毕业论文。

在最后一个学期，参加公务员考试的同学们陆续能够获得最终结果；若在秋招没有收到满意的 offer，还应争取春招机会，切莫放弃。

坚持

秋招之时，由于校内仍有一些课程需要完成，我并未选择直接前往上海求职，因此在获得面试机会时，我便多次在短时间内往返于北京、上海，这也是前文所提，我建议求职者在求职初期便要考虑到的问题，是否真的能够接受诸如此类的多次往返。在这一阶段，需要不停地交流、倾诉，此时我选择了时常和家里沟通，表达自己的观点，也会选择性听从他们的建议。很庆幸身边众多好友在这个时候能够互相鼓励、支持；理智总结前一步、及时调整规划下一步。我也和部分同学自发组织了面试演练，模拟群面、单面，互相点评，提出建议；不仅仅是为了面试而准备，这样集体交流的过程也是一种压力的释放。秋招季并非不焦虑，熬过了最为繁忙的秋天，在年底收获了一些 offer，能够"得即所愿"，也许就是一路坚持后最大的收获。

感谢

转眼临近毕业，近日撰写毕业论文时写到了"致谢"部分，想要感谢的人太

多，却发现提笔记录变成了流水账的叠加，但是即便没有新意，也是最真实的情感表达。仅此记录分享自己的求职经历，感谢在求职路上给予我帮助的师长、同学、朋友们，愿我们继续前行，享受耕耘之乐！

【RUC 求职故事】脱下"旧认知"，穿上"新衣服"

杨昭宇，中国人民大学文学院 2014 级硕士

曾于风投机构 IDG 实习，另有媒体、公关类实习经验

作为一枚和大部分人一样，本科毕业就读研，此前没有清晰职业规划的 RUCer，尽管攒下了一些实习经验，但求职以来，最强烈的感受就是，自己太后知后觉了。和身边的小伙伴们交流的时候，发现很多人都曾有类似的状态。正好，趁这个机会，想坦诚地记录求职路上的所见、所思与大家分享。

多少人到求职时才意识到，我们的知识结构，是仅由书本理论构建的空中楼阁；我们的人际关系，简单到只有师长、亲友、同学圈。然而，没有一份工作会等我们"准备好"，猝不及防，招聘季就来了。

在激烈的竞争中，只有少数人很早就意识到职业规划的重要性并付诸行动，大部分人都还处于紧迫和犹疑之间。相信读到这篇文章的你，如我一样，多多少少经历过求职的迷茫和波折。每天看着 offer 收割机们讨论户口、薪水，自己还是要穿上一身帅气或者美丽的西装，揣着精心排版彩印的简历，跑遍北京的大街小巷，和工作机会相互做着"你喜欢我我不喜欢你""你是个好人但我们不合适"的选择。

在求职的过程中，我的想法在一件件事情的冲击中发生着转变，在与很多小伙伴们交流后，我有两个明显的感受：

- 我们忽视"借力"，往往选择单打独斗。
- 我们容易"自我中心"，难以结合需求自我展示。

我想从上面的两条感受出发，聊聊"认知"的更新，在由学生向职员身份如飓风般转换的关口，我们不妨脱掉不合身的"旧衣服"——旧有的认知，穿上一身"新衣服"，面对新一年的挑战。

第 1 件"旧衣服"——找工作是我一个人的事情

换上"新衣服"——找工作是自己的事情，但不是"一个人"的事情

我的求职季从"金九银十"的九月份开始。在此之前，我是风投机构 IDG 的一名小实习生。有小伙伴好奇地问过我，作为中文系的学生，怎么找到这份完全不搭边的实习呢？答案是——走出去。

这是一份通过朋友圈找到的实习，我在某青年兴趣平台做过一段时间的活

动产品经理，通过参加活动认识的小伙伴，得到了这个宝贵的机会。这件事儿让我认识到，在单一的简历投放外，我们能为求职做的事情还有很多。有一个认知需要更新——"找工作是我一个人的事情。"我们要在个人能力的基础上，善于借力解决问题，虽然找工作是自己的事，但我们很难仅凭一人之力完成它。

在求职中，我有幸遇到了几位职业规划方面老师的点拨，在一次关于求职的团课讨论上，老师抛给我们一个问题："你们未来的目标工作，都不是仅凭一个人能干成的。无论做产品、做运营、做教师、做记者……都需要积极沟通，着力推动，那为什么在找工作这个最高优先级大事上，你们却选择单打独斗，而不是在这个过程中就开始锻炼自己的沟通、合作能力呢？"

印象更深的是，有次面试，负责人最后奇怪地问我："按照你的说法，身边还有很多正在找工作的同学，可是他们都在哪儿呢？他们怎么不主动来找我们呢？"——由于种种原因，求职的应届生和有用人需求的公司之间，横着信息的鸿沟，互相找不到彼此。

作为应届生，我们的能力和精力都是有限的，很多职场上的信息流动，在还没有流到我们这里时，就已经被别人"截流"啦。多次面试中，总会有小伙伴对要应聘的公司、职位性质、职位要求一无所知，对于将要接触到的直属BOSS和团队，更是一头雾水。与此同时，我看到，却有另一群小伙伴在"借力"前行，他们会列出"可以求助的对象"清单，思考可以积极寻求哪些人的帮助，给他们发送邮件、简历，说明自己求职的需求，请求他们帮助留心或推荐——当然，前提是自己曾经给他们留下过不错的印象。这个清单里，或许包括已经工作几年的师兄师姐、实习时的前同事、参加活动认识的其他公司小伙伴、求职时结识的各位HR……有实习经验的小伙伴，还可以请之前的上司帮忙写封推荐信，由更有经验的人作实名背书。如果你和几个同样厉害的求职者同时入围，对方难以抉择时，一封实名推荐信，有可能会在背景调查时为你加分。

有的小伙伴会觉得，这给对方造成了麻烦和困扰，但寻求帮助并不意味着无尽的索求，也不是一件令人难以启齿的事情：

其一，也许对我们而言非常困难的求职问题，对于对方来说难度级别没那么高，甚至有时只是随手转发简历，或是几句四两拨千斤的指导，只要我们态度诚恳有礼，大部分人乐于做顺水人情；

其二，与其说"不想麻烦别人"，更多人只是害怕被冷落后的挫败和没面子，这些令我们恐惧的事情，今天不面对，明天一样会遇到，没有人会自动突变，工作也不会自动到来。

有些小伙伴很难走出这一步。不要说主动出击寻找就业机会了，就连发出的简历收不到回复，或者是被 HR 质疑了两句，就开始感觉到没面子了，挫败感和羞耻感值快速上升，甚至开始怀疑人生。并且，在许多人的观念里，找"关系"是一件令人心生不快的事情，做了这样的事，自己会变得溜须拍马、低声下气，乃至给他人留下功利心强的印象，变成了自己"曾经最讨厌的人"。

但在有了几份实习经验后，我现在的看法是：在职场上，任何一份工作都不是孤立存在的，真才实学之外，每个人都需要和自己的上下游、同行产生互动和连接，共同创造价值，具备积极真诚的合作态度，是吸引更多人乐意与我们共事的重要因素。进入职场后，忙碌和效率成为常态，对于新鲜职场人而言，磨炼主动而不失分寸感的态度，也是对自我成长的一份期许。

在从学生转变为职场人的过程中，大方承认自己"有所不能"，寻求更有经验者的协助，积极给出反馈，比"只低头拉车，不抬头看路"的方式更行之有效，丢掉"面子"并不意味着丢失自尊。这个过程不是从我们踏入职场那天才开始的，它贯穿了我们找工作的始终，我们和每家公司的 HR、团队打交道的情景，和每个求职伙伴的交流，都体现着自己的合作意识和能力。

除了善于借"人力"外，我们还要善借"信息"之力。在信息触手可得的

时代，我们要善于通过各种途径，想办法接触将要应聘的单位及团队信息，而不是仅仅投了简历，就坐等工作掉在自己头上。

关于公司信息，常规的途径是关注其官网和新闻动态，对股票有研究的同学，可以在雪球网等网站，搜索其最新业务及股票发展动向，一般来说，如果某家公司发展了新的业务，就会有相应的用人需求出现。由于之前在 IDG 实习，我对互联网和创投圈的生态有了粗浅的了解，如果小伙伴们有意向此领域发展，可以通过 IT 橘子等创投网站，通过近期融资新闻和团队信息，了解某家公司的发展态势。

关于团队，我们可以通过领英、脉脉等职场社交网络，搜索相关的公司和成员信息，如果有可能，可以请教些问题。在我们常用的知乎、微博等分享型社交网站，同样可以找到很多职场中人。在这个知识共享经济端倪初现的时节，对终身学习感兴趣的成长型小伙伴，更是可以通过参与各种同城交流活动、讲座结识各行各业的从业者，也可以从在行、分答这些平台更精准地找到入门"领路人"，借此，能得到很多相关信息。我是一个乐意发现新鲜事儿，参与各种分享讨论讲座的人，也曾因此收获过一些抛来的"橄榄枝"，对于很多小伙伴而言，你不是不够优秀，只是缺乏把能力具象化展露出来为人所知的途径，比起单凭一场面试（有时还是说不上几句话的群面）决定去留的方式，这些也不失为另一类可以考虑的方式。

在忙碌的求职季后，我体会到，原来"找工作"本身就是一件"工作"，虽然是需要个人判断、作出选择的事情，但个人不提倡仅凭单枪匹马闯天下的一腔孤勇。在找工作中，我们同时推动着不同"项目"的进展，需要想办法寻求协作，还要动手动脑做足相关的信息功课，在海量的信息里搜寻、筛选，这些相应的能力，也是正式工作所需要的，总之，"走出去"才能"引进来"。

第 2 件"旧衣服"——"我有×××"的表达方式

"新衣服"——"我有×××，可以满足您×××的需求"的表达

方式

无论什么形式的面试，我们多半会遇到这句话："来，先做个自我介绍。"大部分小伙伴也是张口就来："我叫×××，毕业于×××大学，我的专业是×××，我的实习经历是××××……"，我以前也用过这种方式，跟把简历上的内容背了一遍差不多，走完了自我介绍的过场，也很难说对面的人究竟记住了什么。

这倒是不会踩雷的表述方式，但它背后藏着一种认知：我们通过罗列经验、荣誉，向对方极力展示自己"有什么"，表达想要获得工作的渴望。但在单向的自我表述中，很多小伙伴往往忽视了对方"要什么"，只是一味展示自己多么好多么优秀，事实上，对于用人方，他们需要的是"合适"，而不是"最优秀"（感觉这句话不只对求职适用呢）。

什么是合适？我把它理解为用人方根据团队气氛、个性匹配、业务能力等维度综合考量的结果。在求职中，每位小伙伴都多少遭遇过拒绝，在很多情况下，"拒不录用"不代表着"你不好"，而是"你不合适"，也许是客观条件和准入门槛有差距，也许是个性与团队氛围不匹配，也许是双方的需求不能相互满足，而这些因素，往往都不会明确体现在岗位描述中，可能需要我们自己想办法多去了解。

举个例子，如果某家公司的氛围活跃开放，团队成员都能歌善舞，热爱自我表达，那么，一位业务能力虽达到公司标准，但显露出不善与人交际，为人拘谨内敛特质的同学，就可能被拒之门外。再举个例子，如果某个岗位事关机密，需要应聘者耐心谨慎行事，能保守秘密，个性开朗，大方健谈的同学就有可能被认为"干不了这活儿"，而刚才那位同学，反而更有可能拿到这个 offer。

对于校招而言，我们大部分同学的能力素质都相当，但造成我们差异性的东西，往往在专业能力之外。与社会招聘不同的是，对于很多单位，校招是一个有时间节点的项目，需要 HR 在规定时间内完成招聘任务，借用个可能不够

恰当的比喻，就像"一个萝卜一个坑"，除了要招到够数儿的"萝卜"，还要保证他们的"到坑率"，所以，很多单位在这件事上会力争求稳，尽可能地挑选出最合适且最稳定的那部分人，完成自己的指标。

既如此，我们怎么才能变成对用人方而言"更合适"的人呢？回到刚才的"我有"的表述方式，在我看来，这其实是隐蔽的自我中心认知。在很多一路优秀，披荆斩棘，自己想要什么就一定能拿下的优秀生眼里，人和人的关系就是零和游戏，如果拥有了别人没有的东西——闪闪发光的 GPA、金字学校招牌、名企实习经历，胜出应该是理所当然的事。

对于用人方来说，他们更关注的是"你能否满足我的岗位需求"，许多一味强调"我有"的小伙伴们，可能忽视了这点："我有"的东西，要和对方的"我要"相契合。对于大部分用人单位来说，通过他们的招聘岗位和岗位描述，加上对公司信息的搜集，如果有条件，可以多方打听下情况，就能简要勾勒出他们的需求，或是在面试现场留心观察，也不失为一种救急的办法。有了这个基础，在自我表述时，可以将个人的优势条件，结合岗位的要求，加上自己的理解一起表达出来，尽可能地在求职方和用人方之间建立连接。

例如，某同学小明有过相应实习经历，想找一份媒体方面的工作，比起一味地表达"我乐于交流，擅长沟通协调，有××报社的实习，采访过名人，还做过新媒体公众号，篇篇 10 万以上阅读量"，他可以这样表述："我在传统纸媒、新媒体都实习过，发表过 10 万以上阅读量的文章，还多次承担重要人物采访的协调沟通工作，正好能满足这个岗位对于写作能力、沟通能力的需求，同时，这些与媒体、被采访者打交道的经验，使我增加了对行业的理解，也培养了我胜任这一职位的基本素质，如果被录用，我能很快上手工作。"（这个写得有点儿刻板，小伙伴们可以想一想怎么说更灵活）

如果我们已有的经验和要找的工作看起来毫无关联，也还有空间挽回。我们可以拿之前做过的具体事情为例，挖掘自己从之前实习、活动等种种经验中培养出的"可迁移能力"，和对方的需求相结合。"可迁移能力"是会在职业生涯规划中出现的词语，与专业性极强的技能如编程、医学、法律等不同，它代表无论在任何工作场合都能派上用场的能力，比如沟通能力、团队合作能力、研究与规划能力、对未知领域的信息搜集与学习能力等，从这个角度进行思考，不光对毕业求职有益，对于小伙伴们今后在职场上的发展也会有帮助。

结语

每个人面临的情况和个人的需求都不同，我的经验之谈，也未必人人适用。但我想，求职这件事儿，一定曾击破你某个旧有的认知，让我们对"工作"有了新的理解，作为一枚同在求职路上摸爬滚打的人大人，希望能对你有一点新的启发。

愿各位求职的小伙伴们都能拿到自己满意的 offer，祝福每个人都能从求职起始，步步前行，慢慢实现自己对生活的期待。

【RUC 求职故事】打好求职信息战

刘旸，中国人民大学信息学院软件工程专业 2017 届硕士毕业生

在校期间实习经历：腾讯科技（北京）、中国移动政企客户分公司

毕业去向：中国联合网络通信有限公司北京市分公司

一、准备篇：问问你自己

首先让我们向自己提三个问题：我想去哪？我想做什么？我能做什么？

如果这三个问题想清楚了，自己的求职路线就很清晰了。如果还存在疑虑，请充分利用求职之前的时间去试错，直到将自己的目标明确下来。

对于我来说，第一个问题比较明确就是准备留在北京，而第二、三个问题，我通过研一整整一年的时间进行思考，在这一年中，我在保证学校课程的前提下在腾讯实习5个月，在移动政企实习2个月。通过实习，第二、三个问题的答案在自己的心中渐渐变得清晰。这两段实习的收获，对我而言首先是熟悉了两种不同类型（开放的互联网企业与严谨的国企）的公司工作环境，了解了公司的主营业务以及整个大行业前景；其次，锻炼了职场生存的技能，让自己能做的事情和自己想做的事情更加契合；同时，拥有处在行业顶端企业的实习经历，在求职时相当于多了一张隐形的认证。

有些实习会把学生当成流水线工人一样从事大量重复性工作，对于这种实习机会，如果看不到终点一定要及时抽身。有些同学因为忙于科研无法投入实习，这种情况也要保持乐观，在某种程度上，你在科研项目中的所得也许比其他人的实习经历还要宝贵很多。

二、经验篇：求职是一场持久信息战

首先是信息的搜集。这些信息中大家最关心的包括岗位信息、单位待遇和面试笔试经验等，这些信息可以主动向导师、师兄师姐、学校就业指导中心和学院老师请教，也可以通过亲属或者外校同学多加了解。同时，我们不能忽视互联网的力量，学校就业网、用人单位网站的招聘模块、应届生求职网、大街网、前程无忧、中华英才、智联招聘等，经常刷一下总会有收获。在移动端，除了关注人大学生就业创业指导中心的公众号外，也要根据自己的专业，关注其他相关院校就业中心的公众号（比如：计算机专业可关注北航、北邮等院校，金融专业可关注央财、外经贸等院校），做到知己知彼。

其次是信息的整理。建议大家做好五方面的功课。

第一是自己的简历。在求职之前，你做的每一件事情都可能成为简历中的加分项，你的实习、学术、科研、学生工作经历都可能成为简历中一行重要的信息；在求职时，要根据用人单位、岗位情况进行精准匹配，适当地做减法，突出自己最出彩的实习经历、项目经历和竞赛经历，并且一定要学会用数字去量化自己的工作。

第二是简历投递记录。在求职过程中，大部分同学采用海投简历的方式，当投递的单位多了难免有遗忘。另外，有些单位的岗位信息在结束投递之后是不能查看的，总有同学稀里糊涂参加面试，面试官问到为什么填报这个岗位时，支支吾吾答不出或者反问面试官，结局可想而知。因此，我们需要建立一个表格来记录投递的公司、岗位、要求、网申账号、密码及链接等信息，同时加入状态字段记录自己走到招聘的哪一步。其实这一步也是对自己隐形的激励和鞭策，看着表格里的自己一路过关斩将，慢慢走向 offer，或者隔一段时间总结一下被刷掉的职位，也许会发现一个不一样的自己。

第三是网申简历信息汇总。现在求职的第一步更多是填写网上申请表，每个公司的网申要求信息各不相同，想填好一份网申简历也是需要花不少时间。这里有一个经常出现的 bug，有些网申页面包含多个开放性问题，自己填好以后却提示会话时间过长需要重新填写，白白浪费时间。这时我们就需要准备一个文档，将自己简历的全部信息以及在各个公司网申时填写过的信息汇总并保存起来。在后期网申时，可以直接复制粘贴文件内容，开放性问题也只要改一下公司名称就可以提交，这样可以大大缩短网申的时间。

第四是自己的求职日历。招聘季的时光对我们来说是需要分秒必争的，宣讲会、笔试、面试以及学校的事务一定会把我们的时间表占据的满满当当，难免会有活动冲突与遗忘。建立自己的求职日历，将每天划分为上午、下午、晚上三个时间段，将自己未来需要做的工作都填写进去，并且合理有序地管理自己的行程，做时间的主人。

第五是总结自己在求职过程中遇到的问题。不管是笔试还是面试、专业还是非专业、没答上来还是答得不好的问题，都值得我们在后面进行回看、反思。将问题分类汇总，并及时总结，找到最适合自己的最优答案，时常看一看，以后遇到类似问题就能做到游刃有余。

另外，学校会根据我们的求职节奏，开展一系列就业指导方面的活动，比如简历撰写、笔试面试技巧、职业规划、职场礼仪等方面的详细指导，也会邀请毕业的师兄师姐作为"过来人"分享自己的求职心得。我自己就是这些活动的受益者，希望师弟师妹们也能够充分地利用学校的资源和平台，做好自己求职的"领航员"。

三、总结篇：保持自信，直面挑战

有些话我们年年都会听到：

"房价今年要跌……"

"股票今年要涨……"

"今年是考研政治大纲变化最大的一年……"

"今年是史上最难就业季!!"

我想说，以上论调的可信性都是非常有限的。求职是一场艰难辛苦的战役，因为对于人大学子来讲，我们的选择面太广，机会太多。但是请始终对自己保有信心，并且谨慎认真地面对求职路上的每一项挑战，最终，每一位人大的毕业生都能够落实心仪的工作，有些时候，我们面临的是好与更好的选择。

在这里送给师弟师妹六个字：多想，多问，多做。

多想，充分发挥主观能动性，对开篇的三个问题进行反复思考，同时对求职过程中遇到的问题反复斟酌，直到得到既得体又合理的答案；多问，对于专业知识、公司和岗位信息多向老师、师兄师姐、朋友请教，只要张开嘴问，事情就成功了一半；多做，勇敢地去求职吧，向每一个你心仪的用人单位展示最出色的你。

【RUC 求职故事】这是一个做产品经理最好的时代

聂博，中国人民大学信息学院软件工程专业 2017 届硕士毕业生

毕业去向：百度地图产品经理

初识产品经理

产品经理，在互联网行业也就是人们常说的 PM（Product Manager）。听起来好像很高大上的样子，但真正的工作日常是，跟研发央求"帮忙加个功能"，被领导挑战"你做这个功能有什么价值"，被运营吐槽"你的功能没有特色，我们不想传播"，这只是工作中需要接触的一小部分人群，除此之外，为了做好一个产品，你还需要去跟财务、法务、市场等等各种部门去打交道。That's right！一个真正的 PM，可以说是一个业务的"Mini CEO"。

之所以选择产品经理这个工作，第一是自己比较喜欢互联网这种工作氛围，非常自由，提供了很好的发挥空间。在百度实习的时候上下班不需要打卡，每天都有下午茶，同事又相对都很年轻，和一帮朝气蓬勃的人一起工作，会觉得非常舒心。同时，互联网也是一个高速发展的行业，从 1999 年左右 PC 互联网的兴起，到 2010 年左右开始的移动互联网浪潮，再到今天无人不在谈论的人工智能，不到 20 年时间，互联网给整个社会创造了巨大的价值，在未来，互联网一定还有广阔的发展空间和机会。而在互联网领域，产品经理又是非常核心的职位。要做好一个产品经理，必须要有洞察力，去发现问题；要有同理心，去思考用户到底想要什么；要有创造力，为用户提供好的解决方案，提供好的产品服务。因此，我认为这是一个做产品经理最好的时代。

腾讯的副总裁、微信创始人张小龙曾经说过这样一句话："技术满足需求，人文创造体验。"一个好的产品，技术是基石，人文才能创造出好的体验。个人觉得一个优秀的产品经理应该具备以下能力：好奇心，对新的技术好奇，对新鲜事物好奇，乐于尝试；学习能力，科技始终在进步，每天都有新的东西涌现，需要快速的学习能力；沟通能力，和内部多个部门（研发、运营、财务、法务）的沟通，与外部的沟通；项目管理，按照计划协调资源、推动项目进行。

既然选择，便只顾风雨兼程

选定了职业方向与目标，就要坚定而有策略地走下去。

求职信息搜集。作为一个软件工程专业的毕业生，我在找实习和求职的过程中，搜集求职信息经常去的一些网站包括：拉勾网、实习僧、应届生求职网、北邮人论坛等，可以经常去这些网站刷刷信息。当然，个人认为最重要的渠道还是老师或者同学的推荐，会比自己海投简历省很多事。每年互联网的一些大公司会在 3 月份陆续开始进行春季实习生招聘，这种招聘公司都会很重视，表现优异的会直接发正式校招 offer，8 月份左右开始正式的秋季校园招聘。

笔试、面试准备。产品经理实习生招聘或者校招考核会包括以下几个部分：（1）笔试，主要有两部分内容：行测题，技巧无他，唯手熟尔，一定要多刷题；主观题，比如你对某款主流 app 的个人理解，这就要看个人的平时积累。（2）群面，6～8 人的无领导小组讨论，给一道与产品相关的题目，小组讨论后进行阐述，个人建议是一定要思考清楚后再去发言，逻辑一定要清晰，面对 challenge 保持情绪的稳定。（3）业务部门单面，就是简单的聊聊天，比如你为什么选择做产品？你怎么理解产品经理？一方面是个人平时的积累，可以多去使用一些 app，尝试去做

一些产品分析；另一方面，可以通过阅读，比如《人人都是产品经理》《产品经理手册》等等，对这个职业有一些自己的理解。（4）人力资源部门面试，主要考查你对公司价值的认可度、你是否真正有意愿来公司、对薪资的预期、是否关注户口（互联网企业的北京户口指标比较少）等等，保持平常心态，根据自身实际情况回答就好。总之，只要认真准备，并且对产品经理有浓厚的兴趣，人大的学生一定都会没问题的！

寄语母校

漫漫求学路和求职路，也是我过去两年成长之路。感谢母校给予我们所有的美好回忆，在人大的两年，我的导师、给予过我指导和帮助的各位老师、亲爱的同学们陪伴我走过一段美好的时光。在这里不仅收获了知识和自由，也获取了人文精神和自信坚强。走出校园，不变的是我们对于"争当国民表率，敢为社会栋梁"这一理想的坚持，不变的是我们对于母校的爱。愿我们走出半生，归来仍是少年。提前祝人大 80 周岁生日快乐！

【RUC 求职故事】认识你自己，走好求职的第一步

王邓会，中国人民大学历史学院中国近现代史专业 2017 届硕士毕业生

在校期间实习经历：

1. 2011 年 7 月～9 月，北京阳光海天停车产业集团人力资源部门主管（本科阶段），负责实习生管理工作

2. 2015 年 7 月～2016 年 10 月，主要为互联网知名节目《逻辑思维》主讲人罗振宇策划文案，其中《藩镇割据：毒药还是良药？》《走错路的日本人》《如何做好一只网红？》等节目在优酷、喜马拉雅等平台播出，累计播放超过 1 208 万次

毕业去向：陕西选调生

● 认识自己，明确目标

记得民国老校长竺可桢曾经对入学的大学生说过这样一段话："诸位在校，有两个问题应该自己问问，第一，到大学来做什么？第二，将来毕业后要做什么样的人？"这句话一直影响着我，提醒着我认识自己，想成为怎样的人，应该怎样为此努力。放到求职，亦是同样的道理：认识你自己，发现自己适合什么，为此努力。人最难的就是认识自己，特别是在求职的时候，没有清晰的自我认知，无疑将会迷失在职场的汪洋大海中。如果不明白自己喜欢什么、适合什么，就要问问自己不喜

欢什么、不想做什么，用否定的思维，排除不喜欢的选项，剩余的选项中就有自己想要的。

● 练好内功，充分准备

有了一个清晰的目标指引，你该为此准备些什么？当时我对自己的定位也只是一个大致的方向，想从事行政工作。作为一名文科生，由于本身的专业限制，工作本身可取代性非常强，在求职前一定要练好内功。文科生最重要的特质是一支笔和一张口。2015 年 7 月，我有幸加入"逻辑思维"的视频制作团队，从事文案工作。当时加入的初衷，是想去锻炼自己的文笔，即使赚不到钱，也可以学到很多东西。记得自己第一次写文案的场景，早上在图书馆等着开馆，中午在桌子小憩一会，晚上又是等到闭馆才走。师兄调侃我说："你写文案，比我当初写硕士论文还用功。"最后，这篇用心写就的文案得到罗振宇先生的肯定和赞扬。一年多的实习经历，不仅仅使我的文笔得到锻炼，也改变了我的价值观。我们每个人应该成为时间的朋友，做一件有价值的事情，用心去做，一定会有所回报。

一张口，有人说是出色的口才。但对于求职者而言，可能没有罗永浩、罗振宇等大咖的语言魅力，但一定要有语言的逻辑性。有一次与面试官交流，他就告诉我说，他喜欢求职者有条理、有逻辑的语言，而不是一大堆碎片化的语言。在我们日常的交流当中，就要注意一定好好说话，让别人听懂你在说什么。

● 慎重选择，正视挫折

做好了这些准备，还要问自己另一个重要的问题：你想去哪儿？你想过什么样的生活？选择大城市的"一张床"还是小城市的"一套房"？在陕西选调生签约前，我纠结了很久，手中拿着三方协议书在学生就业创业指导中心徘徊。心中有一些不甘，就这样告别大城市，告别这里的精彩与美好吗？这时，我们学院党委副书记方玉萍老师对我说："不要让人民大学的牌子遮住你的双眼，你其实什么也没有，是一无所有的'无产阶级'；你不会损失什么，'无产阶级损失的只能是枷锁'，得到的是另一种生活方式。到基层中去，那里更有一番天地，海阔凭鱼跃，天高任鸟飞。"一席话令我豁然开朗，帮助我最终明确了自己的方向。

　　虽然我们尽可能地做好准备，但是我们肯定还要面对求职过程的困难与挫折。有的单位要看"眼缘"，看你的形象气质是否贴切企业或单位；有的要看"出身"，看你的第一学历是否为 985 或 211；在我求职过程中，也遇到过"出身"遭嫌弃的故事。在某省重点中学的教师招聘宣讲会现场，一位副校长"霸道"地对求职者说："我们这里只要本科是 211 的，请你停下来，不要继续讲了。"我现在依然清楚地记得那种粗暴打断求职者和求职者匆忙逃离现场的尴尬情景。我来自考生最多的河南，凭借自己的努力考到本科一批的河南大学，却依然挣脱不了身份的识别。除第一学历外，有的企业还有专业歧视，比如对历史专业的同学。我们经常在求职中遇到这样常见的问题：你们学历史有啥用？你一个学历史的为什么会来我们这里？就像我们在私底下，调侃自己所学的专业时所说："年纪轻轻，学点啥不好，非要学历史。"玩笑归玩笑，我们要正视这些问题，纠正社会对此的误解。

● 心态平和，发挥优势

　　学会用平和的心态面对现实。这个世界的公平是相对的，不可能做到绝对的公平。在求职时，心态上要做到不卑不亢。不要因为用人单位占据买方市场的主动地位，就一味"讨好"，牺牲自己应有的"气节"，而要做到以诚动人。去年我面试湘江新区管理委员会就是典型的事例。当时群面抽到一个题目：选择去大城市或小城市发展？我是群面中倒数第二个发言的，没有任何优势。在我之前发言的兄弟高校求职者都略有"心机"，无一例外地选择了小城市，向湘江新区管理委员会"投诚"（这里说的小城市是相对于北上广深来说，并无任何歧视的意思）。当时，我内心的最初的想法就是选择大城市，而非小城市。如果临时更改思路，会打乱思绪，还不如坚持初衷，以诚相待。最终，我从选择大城市角度进行发言，而并没有因此被淘汰，还给用人单位留下了深刻的印象，收获了拟录通知。

　　在重视心态的同时，还要在求职的实践中多多磨炼。纸上得来终觉浅，绝知此事要躬行。在面试中，自己的发言是不是没有新意，自己的表达是不是欠缺逻辑性，自己的语言是不是还不够流畅，这些问题都是值得思考和总结的地方。另外，要充分发挥自己的优势，弥补自己的弱势。我在面试中发现一个很有意思的现象：很多面试官都会跟我聊"罗胖"（罗振宇）的逻辑思维。毕竟"罗胖"是"网红"，

很多面试官都是逻辑思维的粉丝与用户，感兴趣很正常。通过逻辑思维这一点，我可以把自己的优势在面试中展示出来。记得在面试开封自贸区时，面对 9 个面试官三面"包围"时，我没有紧张，从"逻辑思维"新媒体的角度，分析开封自贸区如何把传统文化产业和新媒体结合起来发展，赢得面试官的青睐。

每位毕业生在求职的过程中，都会遇到形形色色的问题。我今天把自己在求职路上的感受与大家分享，希望将一些共性的问题，供大家思考：是否认清自己的定位，毕业后想做什么；是否想好要什么样的生活方式，留在大城市还是选择去小城市；是否做好求职的准备，准备好应对前方出现的困难与挫折。认识你自己，才能正确迈出求职的第一步。

【RUC 求职故事】求职二三事

赵国骄，中国人民大学公共管理学院行政管理专业 2017 届硕士毕业生

在校期间实习经历：中国航空规划设计研究总院有限公司、国土资源部人力资源开发中心

毕业去向：中国华融资产管理股份有限公司总部办公室

一、求职准备

我的求职准备包括三个步骤：一是结合专业进行职业规划；二是在实践中发现兴趣与特长，适时调整职业规划；三是结合前期规划，听取师长建议，确定职业目标和求职方向。

（一）职业规划

职业规划是我们择业的第一步，包括职业定位、目标设定和通道设计三个要素。

第一，职业定位。这一步需要与所学专业相结合。我本科专业为公共事业管理，硕士专业为行政管理。开学之初，院长讲道："何谓公共管理？公：担公义，促公正；共：达共治，成共赢；管：管自己，有秩序；理：理弱势，建和谐……公共管理之心便是'为天地立心，为生民立命，为往圣继绝学，为万世开太平'。"这段讲话就像一剂强心剂，直击心灵，击退了我的迷茫，笃定了我的信念。可以说，人民大学造就了我，它为我的人生提供了更加华丽的舞台，这个舞台，包罗万象，让我尽情挥洒。而我的专业成就了我，它是我职业定位的基石。行政管理专业所蕴含的"匠心"与我的"初心""心心相印"，是"衙斋卧听萧萧竹"的关怀，是"一枝一叶总关情"的温度。"缘分一线牵"，我们彼此选择，忠贞不贰。我怀揣一腔鲜活的热忱，决定真正地去"看"，去"做"，去"想"，尽力去完成，去改变，谱写我与行管爱的篇章。

大方向确定了，那么具体去做什么，怎么做，小方向的确定还需要自己不断摸索。在大方向之下，可以结合专业与自身兴趣，先为自己罗列出一系列的可能性。于是，我的职业筐便有了，分别是：高校教师、公务员、白领。在这三种不同的职业中，自己究竟要做什么，或者能做什么，兴趣是一方面，但最主要的还是要结合用人单位的用人需求，所以说，我们经常是"被选择的"。但是，切莫灰心，起码一开始我们是主动的，我们遵从自己的内心去确定自己的大方向，而不会选择那些我们不喜欢的工作。并且，倘若最终的工作正好是

玉兰花开又一年

我们喜欢且擅长的，那就再好不过了。即使最终选择的职业我们并不十分满意，那也不要灰心，努力去做，去体会，在工作中不断发现自己，积累自己，完善自己。这份坚持就如绵绵春雨，润物细无声。它会化作力量，支撑自己去向更高远的希望。

第二，目标设定。一开始，我的规划是赴国外继续深造，学成归来后做一名高校教师，以教书、搞科研为终身标定。通过跟老师、博士师兄师姐的聊天，我突然意识到，读博并不是我原先想的那样，一方面它需要持续反思与发问的能力，另一方面它需要高度的学术敏锐性，最重要的，它需要热爱。反观自我，在前两方面都是缺乏的，至于热情，说是"执念"更贴切。在当前博士体制越来越严苛的条件下，没有充分的心理准备与心力支撑，单凭一腔热血，后面可能会"覆水难收"。于是，经过充分的考虑，经过与导师、家人的商讨，我决定还是先工作，到现实中"滚一滚"，了解"人间事"，之后再考虑深造的事情。这个想法经过实践的不断检验暂时被我从职业筐中取出，放入下一个筐中。那么，我的目标就逐渐明晰了，进体制或进企业。当然，面对当前公务员之热，我也是恐慌的。因为所谓"肥差"都是稀缺的，我能决定的只是尽力无悔，能不能顺利"入场"就要淡定随缘了。在这一阶段，我的目标清晰又模糊。两种道路无疑，两种道路都与我的规划相一致，因此我所做的便是全力备战公考，同步关注招聘信息，适量投简历。

那么如何确定具体的领域？对于地域怎样考量？考公务员也好，进央企也好，我们先前都要有一些预设与筛选。根据我目前的专业，对口的工作便是办公室、人力资源等相关的综合管理类工作，可以从事的领域非常广。金融、IT、能源……无论哪个行业都少不了行管人，这也是令我十分欣慰的一点。况且，我校行政管理专业深得业界认可，这更增添了我在求职中的自信。关于地域，起初我并不坚定地要留北京，公务员考试我参加了三场，国考、京考和河南省考。当时的想法趋于保守，虽然心在京城，然而不敢将全部希望都寄予这里。但是，随着实习经历的丰富与实践经验的积累，我越来越坚定留下来的信念。也许有人会说，北京房价那么高，雾霾那么严重，交通那么拥堵，竞争压力那么大，留下来干吗？幸福指数会高吗？我想说，这些问题都存在，但我更看重的是这种高压带给我的磨砺，有磨砺才能有动力，有动力才能成长。我们每天都在处理 trouble，到哪都一样。所以，选择哪里都好，京城有京城的乐，地方有地方的趣儿，在这点上大可尊重内心想法，或者说顺其自然，不要将困难或优势放得过大。选择之后，就努力工作，踏实生活。

第三，通道设计。目标已经择定，接下来要做的便是坚定执行，使自己更加贴近目标。所谓通道设计便是制定付出计划，之后有条不紊的行动。那么针对公务员考试，不同的人适合不同的复习模式与复习时长，这没有统一的标准。最重要的，要稳住心态，以平常心应对这场"恶战"。至于投简历、进企业，这就需要及时关注学校就业指导中心发布的消息、企业自主发布的招聘启事以及大型招聘会等信息，切记不要盲目，投的太多可能会应接不暇，影响自己的判断，关键是耽误复习公考的时间，可能造成"两耽搁"的情况。

（二）实习经历

我曾在一家国企和一家事业单位开展过实习。两段实习经历拓宽了我的就业思路，使我不断调试、完善就业目标。第一段是利用寒假时间在中国航空规划设计研究总院有限公司实习。作为央企的下属子公司，这家公司各方面规范程度都比较高。我实习那段时间，正巧赶上公司新办公楼竣工，门禁、绿植等各项配置正待完善。又正值年末，比较忙，加过几天班。这段实习使我对国企的好感顿生，忙碌又充实，并且人文环境相对自由，工作起来很舒适。第二段实习在国土资源部下属的一家事业单位，当时由于要筹备几个会议，也经历了比较忙的一个时期。两段实习从事的都是行政方面的工作，包括写材料、修改材料、发签报、筹备会议等工作，发现处理起这些工作来，我竟有"得心应手"之感，并且这些工作中我也运用到所学的"分类管理"等方法，能将所学运用于实践，更带给我成就感。经过这两段实习，我的从业方向就大致确定了，办公室相关工作。这些工作看似烦琐，实则蕴含很多"匠心"，也能磨炼我的耐心，培养我的"眼色"，关键是我能通过努力做出色彩。

二、求职过程

（一）"千淘万漉虽辛苦"

我的求职历程要从准备公务员考试说起，它开始于 2016 年 8 月。"心理求职"要更早一些，2016 年过完年后，我就开始琢磨考公务员的事情。当时专门咨询师兄师姐相关书目、复习计划等，但是自觉战线不能拉太长，所以真正开始全力投入复习的时间较晚。中公、华图的所有有关公务员考试的书我几乎都有，还在网上买了专门的申论课程。暑假时，心绪烦乱，又正值论文开题，苦于没有主题，又回家进行了调研，整理数据，撰写开题报告，提交导师修改，等基本定稿之后我才安心。这时已经将近 9 月了，我很紧张，复习时间还有三个月。紧张归紧张，书还是要好好看，题还是要好好做。行测部分，我的常识判断和数量关系不太好，资料分析是长项，其余两项平平。做了一段时期后，有些疲劳感，常识判断还是错很多，数量关系还是不灵。常识判断模块的书我看得很粗糙，也没有听从建议每天记一点。数量关系干脆是弃疗的状态。至于申论，我买了步知公考的课程（非广告），这个课对我的帮助蛮大，尤其是老师鼓励我们坚持每天写申论，他会适时给我们扩充很多语料，这对我后面申论撰写大有助益。接下来，便是报考环节。三场考试，无一例外，我都报了最热门的岗位：外交部、北京市人民政府研究室、河南省郑州市委宣传部。省考这个岗位堪称"万人岗"。国考不很理想，不过外派也有点令我打退堂鼓，干脆作罢。京考是我寄予希望最大的一场考试，笔试 160.5 分，进入复试。为此，我还报了中公密训面试课程。最终没通过我还是黯然神伤了一阵。省考 74.45 分（百分制），与进面最低分差之毫厘，不过据说河南省考上 70 分的只占 5%，我也就没那么忧伤了，至少证明自己没差，只能说此处无缘。至于准备公考的建议，我认为首先是心态，其次是报考时一定要考虑好，筛选岗位需谨慎。如果"非公务员不'嫁'"，不妨冲一把，一飞冲天也很有可能。保持憧憬，保持渴望，保持好心态。

（二）"吹尽狂沙始到金"

华融总部的招聘信息于 11 月 24 日在公司官网发布，由于之前就有关注，信息一发布，我就及时提交相关材料，等待通知。接到考试通知时，内心是激动又紧张的。经过笔试、一面、二面，终于，当公司通知参加体检时，我悬着的一颗心总算放下了。考公务员时期准备的行测知识在笔试中发挥了大用处，本以为会以金融知识为主，提前还恶补了金融经济等专业知识。至于面试，最大的体悟在于，不要紧张，落落大方。面试官看重的三要素：一是学历，二是心理素质，三是处事能力。第一轮群面中自觉遭遇强劲对手，特征：男，口才好、声音浑厚，然而最终他没被录用。现在反思，可能他当时的"妙语连珠"被考官理解为"油嘴滑舌"了，在面试时表现过于"世故"也不是好的策略。我不知道华融的其余岗位在面试时都考查了什么，但从行政管理岗来看，感觉面试官比较注重"踏实"这个品质。

整个招聘历程，惊险奇妙，最终的结果也令我惊喜。暂时的"遭遇"并不可怕，不要灰心丧气，更不要低落颓靡。前路还长，我们永远不知道会有怎样的"神奇"在等待我们。求职过程中，尤其是在准备公考时，难免会有疲劳期，恨自己不争气，又什么都不想干。这个时候，可以到校园里散散步，找同学谈谈心，买点爱的小甜品，买件心仪的衣服，看场电影……这些都是舒缓压力的好方法，尤其对于女生，有奇效哦。

三、寄语

"Life was like a box of chocolates, you never know what you're gonna get."

一路走来，家人温馨陪伴，不离不弃。此刻，想唱首爱的赞歌，给我的家人。感恩相伴，感恩相守。我的导师孙柏瑛教授在我迷茫彷徨时，循循善诱，谆谆教导，让我在自暴自弃时重燃希望。感念师恩，感怀师德。我的朋友们，我的花儿们，感谢你们，在我生命每个角落，静静为我开着。

最后，小诗一首，献给我爱的人大。

年华似水，有幸流经人大；岁月如歌，当然精彩有我。

【RUC 求职故事】坚持、再坚持一点点

廖清顺，中国人民大学法学院 2014 级法律硕士

毕业去向：北京市第一中级人民法院

　　如履薄冰地经过了整个求职过程，最终也算是给这个毕业季交上了一份较为满意的答卷。曾经那份不安、那份惶恐、那份焦虑，都化成了对未来的向往。跟我在一起相处的同学们都会觉得我是一个比较能坚持的人，一旦决定的事情就会持之以恒，毕业季的求职也是一样。

一、懂得舍弃，专注才能突破

　　在刚开始准备公务员考试的时候，已经进入了火热的求职季，而我更多的是迷茫和不知所措。各式各样的求职讲座，铺天盖地的校园招聘宣讲，尤其是在公务员考试复习最为紧张的十月份，几乎每天都有好几场宣讲会，优厚的薪资待遇、让人羡慕的发展平台，都在吸引着那时的我。我就在想，万——心准备公务员考试，不能抓住眼前的好机会，一旦考试失利，就业的机会也错过了，岂不是付出的代价太大了？内心纠结着要不要去参加各种各样的宣讲和网申，但是又担心会耽误时间，不能把主要精力放在备考上。"孤注一掷、背水一战"，这是我在考研的时候给自己的信念，为什么这时却没有了这样的勇气了呢？纠结的结果就是两方面都没有准备好，复习的进度非常缓慢，求职因为没有做好充分的准备，基本上也是一些无用功，这也算是我的一点教训吧。

随后的备考过程中，我把精力专注在自己的复习之上，每天都坚持做题，坚持给自己打分，这样的结果就是在心态上更加沉稳，不至于在考试时惊慌失措。关于公务员考试，我经历了国考、京考、上海市选调生以及河南省的省考，可以说付出了很大的精力和心血，虽然并不是所有的结果都尽如人意，但还是有很多的收获，因为我没有退缩，哪怕有百分之一的希望，我都不会放弃。

当你想要得到一些东西的时候，总会舍弃另外一些东西，在精力有限的前提下，专注于一件自己内心真正追求的事情，这样的人生才不会留下太多的遗憾。

二、学会坚持，点滴铸就成功

高中时，班主任跟我们说得最多的一句话是："善始者实繁、克终者盖寡"。也就是说开始做的人很多，但是能够坚持到最后的人却非常少。无论做什么事情，持之以恒是一个非常重要的品质。

在公考复习的过程中，对每天、每个时间段的复习内容要有一个整体的规划，并且严格执行。尤其是公务员考试历年真题，首先要针对每一个模块进行训练，掌握每一个模块的基本思路和方法，经过一段时间的训练就可以进入真题模拟阶段。真题模拟的过程中，一定要按照规定时间严格进行测试、打分、总结，并且将总结反思的成果应用在下次的模拟练习之中。不同的阶段需要具有不同的状态，最为重要的是要有持之以恒的毅力，因为真的需要很大的决心，遇到的问题也会很多，需要克服自己的心理障碍，也要在内心说服自己去不断坚持、坚持、再坚持。

结合我的经历，无论是在高考、考研还是公务员考试，都经历了许多波折，如果不是因为自己的坚持，很可能就不会走到今天。坚持的过程是痛苦的，但苦尽甘来的感觉也令人沉醉，这些经历又会成为我们人生的宝贵财富，像一壶陈年老酒，历久弥香。

三、把握自己，走好人生第一步

进入工作之后我们就会发现，校园生活与工作还是有着很大的差别，我们需要做的就是要学会归零，一切从零开始，利用一切机会提升自己。作为职场新人，我们可能会存在诸多的不适应，生硬的书本知识如何转变成解决现实问题的能力，如何在理论与实践之间保持基本的平衡，这些都是我们需要考虑的问题。单位的同事、领导都是我们学习的老师，我们需要做的就是虚心的请教，争取把自己的本职工作做好，把每一次工作当成自己成长过程中的营养剂。

最后，我想引用我们的校训"实事求是"作为结束，无论什么时候都要脚踏实地，用一颗真心奉献，牢记自己的初心，让自己的青春开出不一样的花朵。

【RUC 求职故事】漫漫人生嘎嘎走

韩惟灏，中国人民大学法学院 2014 级硕士

毕业去向：中央选调生，有国考、京考、地方选调笔面试经历

　　到单位实习的第一天，工作间隙收到院里老师发来的信息，鼓励我写一些文字，跟师弟师妹们分享自己的求职经验。工作定下来已有好一段时间了，我一直在拾掇各种事务，却没来得及捋捋这些日子走过的路。再回首，路上也是坑坑洼洼，走来也是跌跌跄跄，并不见得自己有何高明之处。但老师嘱咐自己与师弟师妹分享经验，这是老师给予的一份信任与认可，也使自己感到一种小幸运。起码说明，过去三年自己在人大付出的是一份值得肯定的努力。

　　想起去年这个时候，自己即将投身到求职浪潮中，也曾迫切想听到前辈的经验之谈。但事实上，前人说的话终究代替不了自己走的路。即便前人走过的弯路可以成为自己的教训，但前人的"成功经验"却难以复制。每个人的路上会遇到不一样的风景，过来人会提醒后来者不要迷失在花繁柳密处，但该经历的坎仍只能靠自己迈过去。所以，后面的故事只是想告诉师弟师妹们——这里曾有条路，有人走过，留下些脚印。

漫漫人生慢慢走

　　回首来时的路，今日种种便是昨日种种的重生，因此，故事从我经历的上一个毕业季开始。

　　那发生在几年前的上海，当时是六月份，正处于梅雨季节，一大清早我起来准备继续奋战毕业设计。离提交终稿的截止日期没剩几天了，周围的小伙伴们都开启了夜夜骊歌的模式。但自己的毕业设计还在攻关阶段，我只能是摸黑起早加油干，却发现笔记本电脑开机黑屏。以前没遇过类似的情况，情急之下，到处发信息问人，我把朋友介绍的办法试个遍，却仍然没有解决问题。我赶紧用手机又百度了一下，发现刚才试的一种方法会把磁盘中的文件格式化，突然意识到"病急乱投医"的做法可能使自己已陷入"屋漏更遭连夜雨"的处境。顾不上撑伞，我急匆匆地抱着电脑跑向离学校最近的苹果经销店。店里的小师傅听着我的描述，在电脑上捣鼓了一会，告诉我他修不了，只能是到市区

里的苹果直营店排队、预约，再返厂维修，至少得一个月才能修好。一个月之后我们都得卷铺盖走了，多少个晚上熬夜写代码、跑程序得来的数据都在电脑里，又没有其他备份，我还能正常毕业吗？想着心里凉了半截。走出苹果店，身上淋着雨，在强装镇定的慌乱中，脑海里不断闪现出一个个解决办法、又一次次被自己推翻。我只是下意识地往前走，路上遇到了一间不起眼的电脑维修店，抱着"死马当活马医"的心态，我走了进去。天无绝人之路，在这样一个小店里我遇上了隐藏的"大神"。原来是硬盘损坏了，大部分的文件已丢失。维修小哥说可以修复硬盘，但是数据恢复会比较慢，如果我要急着用电脑，只能是选择性地恢复部分的数据。

在这种选择的时刻，才真正体会到"断舍离"的艰难，纷繁杂乱的文件夹仿佛就是本科四年生活的缩影。昨日种种，譬如昨日死，在这种取舍中，我只能剪掉那些旁枝末节，紧紧抓住此时最需要的，选择了恢复毕业设计文件夹里的数据。冥冥之中，仿佛听见一个声音，"弱水三千只取一瓢"，并不是一种无奈，而是一种应有的生活状态。背上大病初愈却轻装上阵的电脑，在路边小摊买了一把简陋的雨伞，撑着伞我又走在了路上。路漫漫，雨漫漫，漫漫人生慢慢走。

想清楚，再出发

研二的时候，班上不少的同学都到律所、企业去实习。师兄师姐也会提醒，实习经历对将来找工作很重要。听着小伙伴日益丰富的履历，看着小伙伴西装革履走在迈向人生巅峰的路上，说自己不动心是自欺欺人。所幸自己一直在观察与思考，当实习的小伙伴风风火火地在高大上场合挥斥方遒时，我每天冷冷清清地在品五楼下小花园思考终极问题——从哪里来，要到哪里去。

我来自南方的一个县城，出生在公务员家庭，从小生活在单位院子里。成长的历程中，总有来来往往的前辈鼓励自己"要好好读书，将来做公务员"，

"特别是要学好文科，写好作文"。但可惜的是，自己执行得不尽如人意，高中读的是理科，本科学的是数学。本科时想过当数学家，也想过做企业白领，然而梦想打破以后，我还是回到继续寻找目标的路上。硕士阶段来到了人大加入了学生社团，回头看，这是一段弥足珍贵的岁月，尽管偶尔也会遇到努力过后的事与愿违，也会觉得奋斗时的力不从心，但每次讨论工作的碰撞与激情，每次办完活动的累并快乐，都会让自己觉得在做有意义的事，更重要的是，这些经历让我明白什么才是值得追求的目标。"目标能使我们意识到我们是比自己更大的东西的一部分，知道自己是被需要的，并相信前方有更好的东西等着我们去为之奋斗"，于是，我明白了自己要到哪里去。经过否定之否定的过程，我笃定地选择了公务员的道路，因为我知道这里有值得我为之奋斗终生的目标。

当然，我并不是鼓励每个师弟师妹都选择当公务员，每个人有不同的价值倾向，也会有不同的职业追求。但有一点是共通的，"工作将是生活中的一大部分，让自己真正满意的唯一办法，是做自己认为是有意义的工作；做有意义的工作的唯一办法，是热爱自己的工作"，只有这样，你才能获得一往无前的力量。所以，要不断地寻找，直到找到自己喜欢的东西；想清楚，再出发。

选择了，不妨一条路走到底

10～11月份，公务员考试备考进入了白热化阶段，恰好也是企业、事业单位校招的集中时期。对于大部分复习公务员考试的应届生而言，这是一段足够纠结的日子。是做一份网申，还是做一份国考模拟卷；是去参加一个企业的笔试，还是泡在图书馆里安心复习。一方面是考期将至，一方面是铺天盖地而来的网申、笔试、面试，每天都要做无比揪心的选择题。看到身边的小伙伴拿到令人艳羡的 offer 时，心里也会泛起一丝涟漪，感叹一下公务员考试的机会成本不低。自认也是凡夫俗子一个，并不容易洒脱地孤注一掷，所以 10 月份时我还是填了一些网申，也试过了海投，到了 10 月下旬，陆续收到不少笔试通知，

却发现此时跨越半个城去参加一个笔试已经是自己难以承受的成本，所以我放弃了这些企业的笔试，也意味着之前网申所耗费的时间和精力都做了无用功。到了 10 月底，我毅然地做了一个大胆的决定，让网申随风去吧，走自己的公考路。回头看，做出这样的决定并不是什么"潇洒走一回"，而是名校强院"牛"给了我自信，在人大，只要你一心成"公"，有太多的机会与出路，国考、京考、定向招录、地方选调等。任何一级政府的门口都是"为人民服务"，主要守住"公"心，总有机会走进"公"门，凭着这份底气，我决定了一条路走到底。

　　一条路走到底，一些人认为是偏执和冒险，不给自己留后路，但反过来看，这又何尝不是一种克制与专注。一个人的时间与精力都是有限的，对于大部分人而言，他的天赋只能允许他将所有的力气集中做好一两件事。每个人都希望能获得更多机会，能实现遍地开花，但战线拉长了，也会意味着破绽百出，最终是顾此失彼、两头落空。一条路走到底，是守拙与专注，也是克制与谨慎。韩国传奇棋手李昌镐在他的自传《不得贪胜》中写道，"只要察觉对局中有百分之一的可能会被对方逆转，那么就放弃可以大比分赢下对方的棋路，转而耐心等待"，"按自己的走法，下一百盘保证赢一百盘，而且都是以半目取胜"。李昌镐所下的围棋大多是以半目胜结局的，正是源于他发挥到极致的"操心性"，"操心"即"控制内心"。"知止而后有定，定而后能静，静而后能安，安而后能虑，虑而后能得"，一条路走到底，何尝不是要控制自己的内心，抵制外界的干扰与诱惑？

总有雾霾天，只需等风来

　　求职的路上并不是一帆风顺，会有彷徨，有迷茫，也会有困惑，有失落，因为雾霾天总会不期而遇。去年 12 月，我参加了一个西部省份的选调考试，竞争并不算激烈。抱着满满的信心去参加第一次公务员面试，却遭受了"滑铁卢"，之后的一段时间里，我陷入了自我怀疑，当我在日记本里自怨自艾时，无意中发现了一位我特别敬重的师兄在之前一次返校活动中说过的一句话，"找工作就像谈对象，得看缘分，一些工作机会没把握住是有缘无分，不必自责，缘分到了，拦也拦不住"。师兄的话让我释怀许多，既然缘分是我求也求不得、管也管不了的东西，何不如淡然视之。其实现在回头看，吃一堑长一智，那次失败的面试经历何尝有不是一种财富，起码使我总结了经验教训。

到这里，我的求职故事就要结束，想用另一位特别敬佩的师兄的几句话作结，"那些笑容明媚而温暖的少年，运气都不会太差""所谓运气，不过是最好的机会碰巧撞到了最努力的你""我们唯一需要做的，就是在享受努力的过程里，等风来"。

【RUC 求职故事】眼前的欢乐都源于先前的等待与奔波

林庆尚，经济学院城市经济学专业 2017 届毕业生

毕业去向：华为技术有限公司

有些人曾想在找工作时像狼一样成为 Offer 收割机，没想到狼嚎成了几声狗叫，还伴着卷着落叶的寒风。找工作这件事情，如果一个选择远比另一个选择好，那么就不存在所谓纠结。两难的处境（dilemma），在于一个选择这方面好点，而

另一个另一方面不错，总起来又觉得差不多。自己学了好几年的经济学，对于"如何做选择"，可以算到自己没法再权衡。有些时候，我们难以做出选择，是因为我们有意无意地给一些"客观的事物"赋予了主观的价值判断。也就是说，本来"物理价值"很容易判断的东西，经过抽象价值观化之后，决策变得困难了。如果你把你面临的抉择告诉另外几个人，他们却可能毫不犹豫地选出他们想要的。目标的权重会改变是一回事，但有些把选择看得现实的人会更轻易地从年薪差别里选择出目前看起来收入更高的职业选择，而不是依据未被兑现的远期发展前景。

找工作期间，竞争对手大多数为清北、中财、外经贸这几所学校的学生，大家竞争的平台基本上并没有太大的差异。对于远期并未兑现的人生，我转而逼自己更理性地看待一些东西，尽量不带有价值偏好地先把一些职业评价下，再去结合自身的特点（只是一种方式而已）。

企业太多，求职过程中也有太多的不确定性，多的是心塞的事，偶尔自娱自乐。对于未来，我永远难以想象。时代变化很快，就自身而言，也没有预想到现在的处境。我向来觉得我们能做的是努力学习，即使不能把握时代的趋势，也能多少形成一种顺势而为的嗅觉，时刻做好迎接变化的可能。

一点干货，一些心得

两年制的研一或者三年制的研二，最起码要有一份实习了。特别是想进入券商和基金的同学，有相关的实习经历也很重要。理工科的学生，确切地说是复合背景的学生现在在金融圈也很受欢迎的，可以报行业研究岗位等。在今年，建设银行总行偏向于理工科背景的学生，而中债资信评估有限责任公司的行业研究员也是偏好理工科背景的学生。所以并不是说金融经济出身就必然比理工科有优势，还是那句话，大学无所谓什么专业的，想去哪里就业就往哪个领域下功夫，最好找个相关的实习。

公务员的行测要提前看，而不管你最后有没有公考的打算。企业招聘现在的笔试一般是线上测评，一是很简单的性格测试，保证自己不前后答案矛盾就是了，二是和公务员的行测相关的题。后者真的没有训练的话，还是挺难的。

我相信很多找工作的学生都是海投简历的。我也是各种投简历，但是还是有一定的偏向的。虽然还是懵懂的学生，但最起码，心里模模糊糊也是大概知道自己喜欢什么的。不错的企业能申的都申上，因为申请不代表简历通过了。找工作总有个被各种PASS的过程，内心要强大。因为不是所有的企业都喜欢你，同样的道理是，你也不会什么企业都想去，这是个互相选择的过程。

面试前可以了解下企业的背景、业务、精神之类的。但我觉得对于大企业，没有必要刻意去掩饰或者粉饰太多的东西。找工作就像谈恋爱，真实才可能互相稳定匹配。而大企业的老总或HR不会那么简单，是不是适合，人家很容易就看出来的，闹了笑话还自觉占便宜的人往往笑不到最后的。网上找信息是一种方式，例如51job，应届生等网站的论坛，最直接的就是招聘季开始后参加宣讲会。宣讲会上你还可以问你最关心的问题。

By the way，还没做简历的同学可以上淘宝买模板，也可以参照《这些道理没有人告诉你》的一些建议。这本书是国关的一个师姐写的，特别适合求职菜鸟。除了简历，还要拍个不错的证件照和普通生活照。至于工作必备的一些办公软件技能，要靠自己花时间学习。找工作要提前准备的琐事不少，小到编辑简历，买正装之类的，大到赶往大大小小的面试场。

最后啰唆一段：平时扎扎实实，面试就自信大方。一步艰辛，却坚实地走向胜利。请喝下这碗鸡汤！

我的实习经历

2016年7月1日到9月30日，我在中债资信评估有限责任公司研究总部下国家风险研究部实习。中债资信是一家信用再评级公司，由中国银行间市场交易商协会出资成立，主要经营信用评级和评估等业务。

这是我第一份正式实习。研究生一年级期间，许多同学已经陆陆续续在上课期间实习，很多需要找工作的同学都面临着紧张的学业和找工作前实习的权衡。而我

在权衡了学习与实习的收益与成本之后,选择在学校好好上课和看书。这样做的结果一方面肯定是使自己在积累学术知识上得到了加强,但在暑期实习的申请上,难免会因为没有实习经历而使自己在申请实习岗位时处于被动的位置。很多企业,特别是金融行业相关的企业需要相关实习经历的实习生,并将这个条件作为筛选简历的重要条件。一方面,我相信自己有能力,而且研究生一年级好好学习与找工作并不是矛盾的,但另一方面,先前有实习经验的同学在行业选人标准上,他们肯定是先走一步了。得益于中债资信是现场面试,我顺利地进入到了最后的面试,并最后获得了实习的 Offer,与人大其他的几位同学在研究总部度过了一个美好的暑假,并增长了许多见识和经验。

在这之后,我更清楚了如何整合自己的优势去获得用人单位的青睐,我也从这次着涩与青涩的面试经历中获得了更多的肯定和自信。以前虽然并不觉得学校的象牙塔与社会企业中有难以跨越的鸿沟,但直到真正跨越过,才觉得以前在学校里的"修炼"并没有脱离企业需求的实际,而是有些人修炼不够,或者没有整合自我兴趣与企业价值取向的一致性。有些人也可能觉得实习其实就是给企业的正式员工跑腿,但是从我个人的经历和所了解到的同学的经历,我们都在企业里面承担了不少正式工作,特别是在券商投行部门实习的同学,早早就开启了出差之旅。对于找工作与工作,没多少人是真正准备好再上场的,准备的同时也是正式上演。

在这份实习结束之后,我和其他同届的同学都紧锣密鼓地投入到应届毕业生求职的战斗中。我们发挥找实习时候的互帮互助精神,相互通知招聘信息,分享求职和面试经验。在这个过程中,我体会到了人大人之间的互帮互助精神是远胜于竞争意识的。紧张中我们互相安慰,焦虑时互相鼓励,一起穿着正装去跑各个面试场。

人生有些经历,自己看起来可能无所谓,特别是当一切都已随时光走远了,但不管是平淡,还是浓墨重彩的一笔,人生的一些经历都能变成以后的自信与底气。确实,有些人的实习经历平淡如水,只是在企业中做点辅助工作。庆幸的是,我的这份实习经历有足够的专业性,而自己又很喜欢。那些实习经历丰富的同学总能在面试场上滔滔不绝,展示自己对工作的胜任能力。他们也能从过往的经验和阅历中更清晰地看到自己未来的求职方向。我在后面投递的简历基本上是瞄准了英语要求高，需要扎实的经济学和政治学基本功的岗位，例如笔试或面试比较顺利的有进出口银行、中国出口信用保险公司、中再集团的一些对外岗位等。我仍记住我大一入学时候一个师姐对我说的话："当志愿者，有时候只是站岗，但站得多了，你站在那就是一种气场。"我也经常对师弟师妹们说这句话，趁时间充足的时候，多去看点东西，多经历点东西。

一份或多份实习经历对于一个在校学生是有必要的。对于不喜欢的岗位，以后求职的时候可以避免，对于喜欢的岗位可以更精准地追求。在求职季，我们会面临许多职位选择，同时也面临着许多竞争对手。为了争取能有更大的几率获得面试机会，我们会尽可能多地投递简历，而往往一个岗位需要经历网申、网测、笔试、多轮面试等环节才能接近最终的胜利。因而，在短短的秋招里，提前的实习经验有助于我筛选信息，明确自身的定位和兴趣，在求职过程中更精准地准备那些心仪的岗位。在寻找实习的过程中，我们也能提前积累一些面试和笔试的经验，以求在真正的求职场上，更好地把握机会。

三个月的实习除了帮助我更早地了解职场信息和调整自身求职偏好外，也让我初步熟悉了上班的生活。部门里一起实习的小伙伴以及正式员工哥哥姐姐们都很Nice，实际的工作氛围没有想象中的那么紧张、乏味。生物钟每天习惯地在早上7点半响起，挤进繁忙的10号线，再换乘4号线，还要倒一趟2号线到达复兴门，终于到了寸土寸金的金融街。到了下班时间，地铁口长长的等候进站的队伍，我偶尔感叹一下北漂的不易，思考一下人生。而发了实习工资之后，又能和同学朋友约个大餐，尽情享受周末或夜晚。在一个学经济学的人眼中，眼前的欢乐都源自先前的等待与奔波。

这世上，得不到的和能得到的都很多，而能留下的似乎比留不下的少。

时间切割，把烦恼的事延递到快乐的事上，学会安慰自己。但人生的本身终归是自己，学会掌控时间是为了让自己更快乐点。无论以后去了哪儿，快乐最重要。

【RUC 求职故事】不忘初心，方得始终

陶思平，中国人民大学财政金融学院金融学专业 2017 届博士毕业生

在校期间实习经历：中信建投证券研究发展部、资产管理部

毕业去向：中央国债登记结算公司　银行业理财中心

　　来金融街工作已经 1 个多月了，我还时常回忆起在人大的几年校园时光。精致的人大校园里不仅有各学科领域的大师学者和雄伟气派的明德楼，还承载了人大学子经世济国的人生理想。这几年是我人生中最美好的时光，我最不能忘记的是人大那些和蔼可亲的面孔。正是他们的辛勤工作和默默努力，帮助一个个人大学子顺利走向工作岗位。

结缘人大

　　2011 年，我来到人大财政金融学院读研。从此，我的人生翻开了新的一页。硕士和博士的六年时间里，我的人生规划越发清晰，就业能力也得到了很大的提升。一方面，我在班级里积极从事学生工作，先后担任班级的党支部书记和班长。学生工作不仅锻炼了我的组织能力与沟通能力，还让我结识了五湖四海的精英。另一方面，我在学院和学校就业指导中心老师的帮助下，完成了学生向职场人士的转变。求职简历的优化，少不了各位老师的细心指导；求职技巧的积累和人生规划的明晰，凝聚了老师们的汗水。博士期间，我在中信建投证券研究发展部、资产管理部实习共 4 个月，极大地加深了我对金融行业的了解，也为我的职业规划确定了明确的目标。

　　在我求学、求职的过程中，除了受益于学校老师的指导和帮助，我还要感谢一位特殊的"引路人"。2015 年，我参加了学校就业指导中心主办的学生职业生涯引领计划——"LEAD 计划"，成为第二期学员。非常幸运地，中国人民银行原副行长马德伦老师成为我的校外职场导师。从"文化大革命"插队、考取大学、调入北京工作的经历中，我们领略马德伦老师曲折而又传奇的人生历程；从"一生没想做官，只想做事"的工作态度中，我们看到了他作为学者型金融官员的人生理想；他勤读书、喜思考、善演讲、多笔耕，让我们感受了一代大家的风范；对学员"一对一"进行职业规划指导，以及多次促膝长谈，更是体现了马老师的良苦用心。"一年 LEAD 导师，一生良师益友"，虽然"LEAD 计划"已过去一年多时间，但马老师已成为我们学员心中的人生导师，时刻激励着我们前行。

马德伦老师与 LEAD 计划学员合影

选择中债

2016 年下半年的求职季，充斥着迷茫与惶恐。迅速增加的毕业生人数、日益缩减的北京落户指标，更加重了我们这些求职学子的担忧。9 月和 10 月，是各大名企校园招聘的集中宣讲时期，学校就业指导中心、财金学院，处处留存着自己奔波忙碌的足迹。11 月和 12 月，忙于参加各用人单位的笔试和面试，我几乎跑遍了北京的各大高校。幸运的是，在寒假之前，我收到了中国邮政储蓄银行和中央国债登记结算公司银行业理财中心的 offer。

欣喜之余，我面临着职业方向的一次重大抉择。中国邮政储蓄银行是我国大型国有商业银行，并于 2016 年 9 月 28 日成功在香港上市，市场前景广阔，业务发展机会很多；银行业理财中心原是中央国债登记结算公司的一个业务部门，后来随着我国银行理财市场的快速发展从中央国债登记结算公司独立出来，成为其全资子公

司。两家单位都是非常好的就业去向，这种选择，成了一种"甜蜜的负担"。这种纠结，终止于 2017 年 1 月 13 日上午银行业理财中心的签约见面会。见面会上，公司领导和负责招聘的老师向我们介绍了银行业理财中心的定位：银行业理财中心是我国银行理财市场的基础设施，对于维护我国金融市场的稳定起着非常重要的作用。结合专业、性格，自己最终选定了银行业理财中心作为毕业后的第一份工作。

几点心得

在求职的几个月里，自己穿梭于各大高校与金融街，在忙碌中也收获了一些心得。"不忘初心，方得始终。"只有不忘记自己当初的梦想，不懈地努力，才能取得最后的成功。在人大的几年里，我不断提升着自己的就业竞争力，最终找到了理想的工作。

在找工作期间，我将所有投递单位及岗位、笔试面试的时间都统计在了一张

Excel表格中，并及时总结笔试面试经验。回首求职之路，望着密密麻麻的表格，我觉得师弟师妹可以借鉴的经验主要有以下几个方面：

第一，有针对性地选择实习单位是找工作的必修课。一般来说，在求职之前最好选择三份以上的实习，每次实习最好持续三个月以上。通过实习，我们需要获得以下几个方面的收获：其一，提升专业能力和综合能力；其二，确定该实习所涉及的业务领域是否符合自己的兴趣和性格；其三，该公司的文化和工作节奏是否符合自己对未来的期望。值得一提的是，求职季之前的暑期实习大家需要认真对待，最好选择一个自己想留下工作的单位实习，这样不仅有利于增加求职成功的概率，还可以提前积累这方面的工作经验。

第二，在找实习和实际工作中提升就业能力是找到理想工作的必备条件。找实习可以说是求职过程的模拟与演练，认真对待找实习的流程对于提升自己的就业能力是非常有帮助的。每一次实习面试，我都会记录下自己的心得。随着实习笔试面试的增多，自己的简历也越来越有魅力，面试技巧也越来越纯熟。对于不同类型的企业，简历和面试技巧是不同的。我会对面试官可能问到的问题按照证券基金、其他类型国企、研究所等行业进行分类汇总，在面试前有针对性地进行准备。一般来说，证券、基金的面试比较专业，主要涉及宏观经济、债券市场、股票市场等专业性较强的问题，面试之前可适当读一些知名分析师写的研究报告；其他类型国企除了看重你的专业知识外，还非常重视你的综合素质，如学生工作经历、人际交往能力等；而研究所的面试更加偏向于研究能力，因此在面试前了解岗位所涉及的研究方向非常重要，你在研究生期间参与的项目与发表的论文会成为你的加分项。

第三，利用好校园招聘宣讲会可以帮助你提升求职成功的概率。很多同学在求职季开始的时候，非常积极地参加了几场宣讲会。随着招聘单位的增多，自己也变得匆忙起来，对宣讲会不太重视。其实，好好利用宣讲会可以帮助你就业能力的提升。其实，作为在校生，对很多用人单位并不十分熟悉。在这种情况下，参加宣讲会主要有以下几个作用：其一，近距离地了解应聘单位的基本情况，如业务领域、薪酬待遇、户口指标、职业发展路径等；其二，与招聘人员的简单交流可能会增加求职成功的概率；其三，宣讲会可能会影响你对应聘岗位的选择。知己知彼，方能百

战不殆。以自己的求职经历为例，中国邮政储蓄银行和中央国债登记结算公司的宣讲会自己都认真听过。在后来的面试中，我在回答问题的过程中结合宣讲会上的部分内容并加以提炼升华，给面试官留下了深刻的印象，最终赢得了这两家单位的青睐。在选择应聘意向时，我基于宣讲会的内容和自己搜集的信息，并结合了自己的专业和性格，在中央国债登记结算公司的众多子公司和分支机构中选择了银行业理财中心。

最后，祝愿师弟师妹找到自己理想的工作。

【RUC 求职故事】长风破浪会有时，直挂云帆济沧海——博士生求职漫谈

王元，中国人民大学国际关系学院 2014 级科学社会主义与国际共产主义运动专业博士研究生

毕业季所获 offer：南开大学、武汉大学、中山大学、云南省委办公厅、上海市委党校、华北电力大学、北京林业大学、河北经贸大学等

我找工作算是行动得比较早的了。由于之前有过工作经历，知道求职的困难，所以博三上学期一开学就早早把博士论文初稿提交给了导师，之后就一边修改论文，一边找工作，大大减轻了时间和精力上的压力。找工作面临的第一个问题是进行职业定位，对于文科博士来说，就业面相对较窄，主要去向有高校、研究机构和政府。每种就业方向的能力要求和工作内容不一样，根据自己情况，挑选一个适合自己的，能发挥自己优势的工作就行。我的目标定位首选是高校，目标明确后便开始了我的求职之路。

研究就业形势

就业形势每年一变，影响就业的因素也很多：宏观来看，近两年就业大环境的变化对本土博士是很不利的，比如大批海归回国加剧了国内毕业生的就业压力；全国各高校将逐步取消事业编制，转而推广实行的非升即走制和师资博士后制会加大"青椒"（编者注：即青年教师）的科研压力等等。但也有部分专业因国家政策而出现招聘大小年，反而会带来一些机会，比如近两年全国范围的马克思主义学院扩建使得马列类毕业生的就业机会大大增加等等。中观来看，一线城市尤其是京沪的户口指标收缩得越来越紧，人才优惠政策的门槛越来越高。微观来看，除了考虑科研实力外，学校招聘的隐形条件也很难把握，学校对平衡学缘关系、研究方向、性别等因素的考量直接影响着最后的结果。比如某个学校前几年招的人大毕业生较多，今年的人大学生可能优势就不明显；前几年某个研究方向的职位已经饱和，今年可能就会考虑其他研究方向。这些因素是自己无法改变的，只能是顺势而为。

在评估了就业形势和自己的优劣处之后，我放弃了政治学和国关这些有大量海归竞争的职位，主攻马列类岗位需求大而不要求海外教育背景的职位。

简历

简历是求职时的敲门砖，对于博士而言，用人单位在看到你的简历所展示的学

术背景和学术成果时就已经对你的能力素质做出了初步判断，甚至是有了录取意向。好的简历不是编出来的，也不是美化修饰出来的，而是靠在校期间的勤奋努力积攒的各种成果通过一定的技巧呈现出来的。所以，写简历是一项从入学时就已经开始的工作，关键在于如何用三年的努力让简历变得有分量，让招聘单位难以拒绝。

用人单位最看重简历里的四大硬件：教育背景、论文质量和数量、获奖情况、项目课题经验。人大的毕业生不用担心教育背景的问题，人大在学界的良好声誉和人大毕业生多年积攒的口碑可以保证我们会无障碍通过教育背景这一关，剩下的就靠自身条件了。对于博士而言，所发表的论文级别和数量是用人单位最为看重的部分，所以这一模块要花心思呈现，不建议按参考文献那种纯文字的方式呈现，最好是利用表格，只突出刊物级别、名称、论文题目、作者排名情况，没必要介绍年卷期等情况，否则文字太多会让人抓不住重点。获奖情况和课题经验也是，重点突出级别、项目和作者排名，简单明了。简历最好根据不同的求职方向制作多个突出不同重点的版本。比如高校可以把论文情况放前面，科研机构把项目经验放前面，企业和政府部门则突出社会实践和实习经验。

投递简历时一般采取"守株待兔"与"漫天撒网"两种方式。对于一些早就心仪的单位就隔段时间刷新下人事处网站，等着招聘启事出来就投，另外就是上各种招聘网站搜索有没有合适的职位。

试讲

简历通过后学校一般会安排试讲。在试讲的内容选择上，一般有两个选项：一是选取专业课程中的一部分来讲，另外是讲一个专题。如果不是学校指定试讲题目就建议选自己的一个研究成果，比如博士论文或者是发表的小论文来讲。因为课程内容都是评委老师熟悉的内容，很容易让人厌倦，而且难以展示自己的学术风格。如果选择讲专题的话，最好选一个小题目，因为很多学校试讲都是 15～20 分钟，很少有四十分钟左右的，在这么短的时间内要讲清楚一个问题是很困难的，所以选择一篇小论文或者博士论文的一部分最好。即便是学校指定了试讲内容，也尽量准备一个小的切入点，争取既能够把问题讲清楚又带有自己的观点，切忌照本宣科地重复教材内容。部分学校可能还会要求板书，这对习惯用 PPT 的我们来说算是个短板，可以有针对性地练习一下。

试讲时面临的最大问题是紧张。这个很难避免，只有靠平时在课堂上、读书会上、学术会议上多找机会锻炼，练多了自然就越来越顺手，越来越自信，紧张感会越来越轻。另外，克服紧张最主要的办法是前期一定要充分准备，做到万无一失。最简单的办法是将内容直接背下来，甚至相配合的肢体语言也要反复演练，做到试讲时表现得流畅自然，视现场情况再进行自由发挥。千万不要只列个提纲，然后去临场发挥，因为到了现场很容易因为紧张而导致思路卡壳甚至是大脑一片空白而影响发挥。

试讲完后一般都有提问和沟通环节，评审专家会就试讲内容或者简历提问。对于一些个人情况的问题实事求是的回答就行，对于学术问题则只能全靠平时的积累和临场应变了，但需要注意的是避免对某个问题做绝对化的评价或者激烈抨击。如果有的问题很刁钻，确实回答不上来也不要直接表示答不上来，可以在承认自己水平有限的同时谈一点自己的看法，因为很多评委是故意用一些刁钻的问题来测试试讲者的心理素质、态度和思路，试探试讲者在没办法事前准备下的真实水平，所以不必慌乱，尽量找自己能切入的角度回答。

政审和体检

进入这两个环节基本可以松口气了，但也得注意别让一些小问题给最终入职增添麻烦。在政审前要认真核对简历上的一些信息，尤其是入党和入团时间要和档案一致。比如有的党政部门审查很严格，如果你的入党时间晚于参加招聘的时间，按照要求是不能录取的，要尽量避免在这些问题上出现纰漏。另外，建议在正式求职前一两个月先自己去医院体检一下，对自己的身体情况心里有底，控制住各种指标，避免正式体检时突然有某几项不合格而手足无措。要事先和用人单位沟通好体

检需要什么级别的医院，一般都要求是三甲医院，但进入 5 月份后，入职体检进入高峰期，三甲医院很难预约到，所以要提前准备，预约好医院，保证按时提交报告。

甜蜜的烦恼

求职时经常碰到这种问题，同时有几家单位面试的时间发生了冲突，或者手上收到几家单位的 offer，而自己难以抉择。面对前一种状况时首选自己最喜欢的一家，如果几家都比较喜欢就选择胜算较大的一家。而面对后一种状况，也就是"甜蜜的烦恼"时，最好尽量多地收集各种信息，为自己的决断作参考，比如该单位的学术平台、发展前景以及收入福利等，然后根据自己情况做选择。关于什么是好工作，可能各人的标准不一样，有的注重收入、有的注重区位，个人觉得自己感兴趣的，能发挥自己优势特长的工作就是好工作。而且也不存在什么方面都让人满意的完美工作，在抉择时必须得忍痛放弃很多方面，正如我导师经常说的："有得有失，有失才有得"。所以，一旦做出了决定就不要后悔，更不要去想："当时要是选择了另一个会不会好一点？"

求职对人的各方面包括体力、毅力、心态等等都是一种考验，尤其是心态一定要好，根据自己的能力条件，有一个合理的预期，避免心理落差过大。求职时被拒是很正常的事，没必要因为一两次受挫就妄自菲薄，怀疑自己，尤其是不能变得患得患失，导致后面的面试一次比一次紧张。关键是要能不断地总结经验，不断地完善自己的面试和试讲水平，保持一个平和的心态，坚持下去，总会等来好的结果。

第二部分

俊采星驰，别样人生

——优秀毕业生专访记录

"折腾"与沉淀

【基本信息】

吴秋翔，商学院 2010 级管理科学专业本科生，教育学院 2015 级行政管理专业硕士生。在本科期间，学生工作表现尤为突出，担任过十余项学生职务，曾担任校团委实践部部长、事业发展部部长、校学生会常委、商学院分团委副书记及学生会主席等职务，曾荣获首都大学"先锋杯"优秀基层团干部、北京市三好学生等称号。2014 年，作为中国人民大学研究生支教团志愿者前往云南省兰坪一中支教，并借此契机走上教育之路，转而攻读行政管理专业。硕士期间，他学习成绩全院第一，发表 6 篇期刊论文与会议论文，获硕士研究生国家奖学金、我校吴玉章奖学金等。

【正文】

时隔两年，吴秋翔又将给自己贴上"毕业生"的标签。

现在的他，所有的躁动不安与激情澎湃都转化成沉稳持重，以往峥嵘岁月里如数家珍的事情已然转化为"不足为外人道"的内心基石，熔铸在他一字一句的自信与坚定中。

他曾经自比为小舟，体验过穿越激流险滩驶向浩瀚碧海的每一个动人心魄的细节。他说，"折腾"是他本科青春岁月的最好注脚，鼓捣出的每一份酸甜苦辣都不可或缺；他笃定，人生越往后走越是一种聚焦的状态，找到一辈子可以为之感动、为之奋斗的事业是硕士期间的经历给他最丰沃的赠予。

"折腾"的青春

"我本科很'折腾'。"当被问到人大生活的样子的时候，吴秋翔几乎是脱口而出"折腾"两个字。

这是一种俏皮的说法。过一个充实、丰富、无遗漏的大学生活，是一种

"很折腾"的经历。从大一开始，吴秋翔就进入学生组织，从贴海报、发传单、搬桌子、打追光灯、递送邀请函这些基层工作做起，一直做到了校学生会常委、商学院团委副书记、学生会主席；担任 2011 级、2012 级军训团团部联络员，成为"红船领航"新生党员先进性熔铸计划暨党员先锋营的活动辅导员、连指导员，直至教导员助理；在 2013 年，吴秋翔则成为了第一届优秀学生培养计划"求是思源"的辅导员。在本科四年间，吴秋翔担任过十几个大大小小的学生工作职务，成为了许多人眼中的学生骨干。

除了正儿八经的有职务的学生工作，吴秋翔的身影还出现在各种各样的活动中，无论是作为一个组织策划者还是核心参与者。"学校几乎所有的学生活动我都参加过。"商院的品牌活动"风载我歌行"便是在他和同伴们的努力中实现从首都高校原创音乐的盛事迈向全国，乃至国际化大赛的过程。2015 年倡导健康生活的"三走活动"也出自他的策划。香港领袖生内地交流计划多次出现过他作为志愿者的身影，他做过带队志愿者、车长和外联工作的负责人，接待逾百名香港师生，给香港的师生留下了深刻的印象。他也担任过首届"毕业银行"行长，组织策划了系列毕业活动。他还曾经是校艺术团合唱团的成员，参加过大学生艺术节、国家大剧院专场演出等活动。所有能用以挂饰"青春"或者"大学"这两个词语的注脚吴秋翔都拥有了。吴秋翔的本科生涯就像一个珍品琳琅的藏宝阁，信手一探都是华光流溢、细节精巧的无价之宝。

"我的大学生活没什么遗憾，很圆满，人大给了我成长成才、放飞梦想的平台。如果重新再来一次，我仍然会选择这样生活。因为没有必要羡慕别人，我能有这样的经历，已经很知足了。"

一瓢之沉

当从本科生变成研究生，吴秋翔身上外放的气场好像都收敛起来，转化成一种更浑厚的气质。更沉稳持重的吴秋翔，言行举止中都展露出"学生达人"向"研究小白"转变的痕迹。"本科可以很'折腾'，但是研究生要找到自己想做的事情，一辈子都想从事和热爱的事情。"

大四那年去云南省兰坪一中支教，成了吴秋翔生命中一个极其重要的转折契机。好像"弱水三千只取一瓢"，教育事业成了吴秋翔找到的"那一瓢"，而他握着"这一瓢"，像一块方正厚朴的磐石一样往深处沉浸下去。

本科毕业时，本来凭着自己丰富高质的履历就可以找到满意工作的吴秋翔毅然选择到教育学院继续深造。因为在他心中，教育是一份很具有社会价值的事业，教育可以改变自己，改变身边一两个人，甚至可能改变很多个人，这种长远的影响与价值是其他工作无法比拟的。"现在自己的奋斗目标很明确，个人获得感、满足感也很强。教育让我更享受现在的事业和生活。无论以后从事研究还是管理工作，都会在教育行业走下去。"

在硕士的两年学习时间里，吴秋翔发表了6篇期刊论文与会议论文，并以全院第一的成绩获硕士研究生国家奖学金、吴玉章奖学金。现在的他，以一种学习者、研究者的姿态，关注着农村学生，研究农村学生的选择、特殊录取政策、招收后如何培养学生等问题。

"人大教会我最重要的价值是——一个人为了自己而努力理所当然，可怕的是你一辈子只想着自己，而'人大人'在成为精英的同时，还有责任让他人过得更幸福、过得更好，这正是'国民表率，社会栋梁'应当肩负的责任与使命！"在做学术研究之余，吴秋翔仍然和兰坪一中有着密切的联系，尽管路途遥远，他仍会保持着每年一到两次返回兰坪一中的习惯，而今年他的学生们也要面临高考了，正是有了这群孩子的存在，吴秋翔感受到了为人师的酸甜苦辣，也更坚定了他在教育道路上深入前行的信心。此外，依托研究生支教团的平台，吴秋翔跟志愿者们做了很多公益活动，包括游学、捐赠、资助、远程课程等等，让更多人关注大山里的孩子、大山里的教育。

在开年的师门分享会上，每名同学都分享了自己过去一年的收获与新年的愿望，吴秋翔说："2016年我已经完成了自己定下的所有小目标，而在2017年，最大的愿望就是孩子们能够高考顺利，收获自己满意的结果。"他

们约定高考后要在北京相见，吴秋翔期待着和更多兰坪的孩子聚首在北京的天空下。

永远是人大学子

吴秋翔其实不愿意称自己为"毕业生"。

因为选择了硕博连读的缘故，吴秋翔认为自己算不上真正地毕业。在他心里，他希望能够在人大"永不毕业"。

"没有人大就没有我的青春记忆，也就没有我经历收获的酸甜苦辣，我的人生因为选择了人大而改变：从上海来到了北京，做出了第一次改变；从选择商学院到教育学院，做出了第二次改变；在硕士期间最终选择读博，做出了第三次改变。未来的路不知道会怎么走，但是我希望能够'出走半生，归来仍是少年'。"

尽管怀着一份"不必哀别离"的心情在毕业季里按部就班地学习生活着，但是毕业季空气中弥漫着的淡淡离愁还是或多或少地将吴秋翔的思绪带回了两年前的夏天。他回想起和挚友分别的日子，正因为经历过，才更懂得毕业的离别是"天涯若比邻"，而不是"此生不复相见"。

很快，人大就要迎来她的八十岁生日。

"我会永远怀着十八岁的心情，见证母校八十岁、九十岁乃至一百岁的生日，愿母校在我们心中、在中国人民心中、在世界人民心中都能成为一流的、伟大的、受人尊敬的大学。"吴秋翔说，八十周年校庆，他一定会在。

学生记者：邓海滢

"顺其自然"值得被当成一个目标

【基本信息】

黄涛，文学院 2013 级本科生，2016 年吴玉章奖学金获得者，现保送至北京大学中文系当代文学专业直接攻读博士学位。曾获国家特等奖学金、国家奖学金，我校优秀学生干部二等奖学金、社会工作与志愿服务二等奖学金，我校"三好学生"荣誉称号等。曾任我校党委宣传部新媒体中心设计部部长、文学院学生会常务副主席。

【正文】

"推免材料的审核结果以及笔试安排的相关通知都只会在北大中文系官网上登出，没有电话或邮件通知。我那时一直没有收到通知，就自然地以为材料审核没有通过。直到笔试前一天晚上父母打来电话，我才知道天亮之后要笔试的这个消息。那种头脑无法动弹、四肢伸展不开的考前滋味相信很多读者深有体会。""保研"这条宽且湍急的河流之上，应是为人留有桥梁。在"RUC思享"微信公众号的一篇推送里，黄涛一字一句地记录着自己在桥上走过的日子："倒不如找到最自在的复习状态，面对最真实的自我，然后自信满满地站在考核人面前。一个人若处于不自在的状态，是很容易被人发现的。"

文章最后，他的字里行间满溢着对自己经历的感叹和对读者的祝愿："希望在保研的过程中，你行在河中央，能感受到风吹头发的温柔。那样的话，等船到岸，你为之动容，一定会是你自己。"

多听听身体的想法。

本科三年，黄涛取得了3.85的总学分绩、3.88的专业学分绩，均列全院第一。在旁人眼里，比起"勤奋""学霸"，"聪明"这个形容词也许更适合他。"我算是'后起之秀'吧，刚来到人大的时候，也有过一段迷茫的时期。"黄涛透露，他不习惯上课记笔记、不喜欢主动提问发言、也没有定量阅读的好习惯，大一的时候曾尝试一一改正，但最终发现，那些可能真的不是适合自己的学习方法，"我觉得学习没有什么诀窍，最重要的还是要了解自己。"

与许多人一样，黄涛也常受到"拖延症"的困扰。他不喜欢定计划，认为条条框框的计划不仅会将时间碎片化，还容易催使自己一味地在乎进度，忽略行动前的考量。"我有这样一个习惯：入睡之前想一想那些要做的事情，估量

一下自己想要达到的效果，想象一下过程中可能遇到的问题，然后再决定是否开始以及如何行动。"他始终认为，做任何一件事情都要"多听听身体的想法"，之所以会拖延，可能是由于自己内心觉得准备尚不充分，也可能是因为还没有进入状态，又或者是内心压根就没有这个意愿。在他眼里，只要时刻保持自省，拖延并不一定就是一件坏事，想清楚了、身体乐意了再行动往往也能取得好结果。

2015 年，黄涛找到三名志同道合的同学，与之一同拟定的课题"家庭文化结构对蒙古语传承的影响——以通辽市为例"获得"大学生创新创业实验计划"国家级立项。"当时距离大创申报的截止日期只有三天，我把这个在脑海中挥之不去的想法告诉团队成员，从完善想法、寻找导师到落实研究计划、拟写立项书，整个过程不容自己犹豫。"黄涛说，"可能因为这是身体告诉自己的想法，所以尽管时间紧，我依旧充满信心。"

不过黄涛同学也表示自己有后悔的地方，他说："虽然大学过下来，很多机会都把握住了，很多可以用数字、排名、结果来衡量的东西自己也比较满意，但就是太亏待自己了，对于吉他的兴趣、对于艺术创作的兴趣就一直搁置着，反复重拾、反复让步、反复懒弃。"黄涛想，如果可以的话，他一定选择放弃一些做成绩方面的事情，而多多做梦，多听听"身体的想法"。

让习惯成为所长

如果你一直关注"中国人民大学"官方微信平台，可能早就注意到在推送文章的末尾，常常会出现"黄最棒"这样一个名字，这其实是黄涛的设计常用名。自"中国人民大学"微信公众号创立之始，黄涛就作为视觉设计负责人参与到组织与运营工作中去了，"每次看到推送末尾那个我自己设计的明德楼名片，都会有一种自豪感。"黄涛说，"这个时候我会觉得自己是装点人大的小兵，设计正是我的宝器。我很荣幸能加入这支队伍。"

没有专业指导、又非科班出身，"黄最棒"的设计之路开始于一个小习惯。"初入大学，自己每次准备课堂展示，都会花很多时间在 PPT（演示文稿）的制作上面。"黄涛表示，他不习惯使用成型的模版，而是喜欢从一个空白页开始，让自己的思路与想法以最恰当的方式展出出来。"慢慢地，我的原创 PPT 开始得到老师和同学的称赞，于是就进一步尝试设计这件事情。"在担任文学院学生会宣传部部长期间，简单的讲座海报他也不会轻易放过，"我的习惯是先去想想一个主题活动的宣传海报应该具备什么、它面对着怎样的人群，然后再糅进自己的创意，去努力地吸引受众、传递内容。"

加入党委宣传部新媒体中心、成为人大官微的一分子之后，他遇到过许多设计难题。"那时我与许多艺术学院的同学合作，很明显地感觉到了自己在技术与经验上的欠缺。"要想实现一个创意，常常需要熬夜，搜索教程、练习实操、修改方案……几乎每次都是从"零"做起。每当怀疑自己、坚持不下去的时候，黄涛都会这样提醒自己：习惯背后常常藏着自己的兴趣。"既然喜欢一件事情，那么为何不坚持下去，让它成为自己的所长呢？"如今，"黄最棒"这个名字已经为许多人知晓。他代表人大官微产出设计，记录校内的四时美景、传递人大人的共同情怀。在他眼里，视觉设计不仅仅应在乎美观与否，而是要看能否传递一种态度。

把"顺其自然"当作一个目标。

去往北大参加面试的那天，黄涛特意穿着得很休闲，"走到了保研的最后一步，我愿意顺其自然地展现最真实的、尚有很多不足的自己。你是过河人，但与此同时，河两岸的风景也有你在内啊！"在他看来，能在大学生活中的千径百道中找到适合自己的那条路的人，大概就可以走得轻松一些。

谈到即将来临的毕业，黄涛心态仍然很平静，他说："在某种意义上，这一个毕业季是单纯学生生涯的最后一次，虽然以后我还要继续读博，但对自己的定位、对生活的安排等都会发生改变，所以对我而言，大学本科毕业相当于真正的'成人礼'。在这个时刻，自己不得不跟孩童时代的优待地位、浪漫遐想——告别了。"他笑称，他觉得自己的本科毕业典礼，就像是有了家室的人再去参加朋友婚礼，因为他清楚地知道自己是如何在大学成长为现在的自己

的。失去的、得到的都有其理由，以后的学习生涯他也已经做好了准备。

毕业前的这段时间，黄涛反而没有平日的"活泼"，在认认真真地实习着。但是热爱交朋友的他最近有了一个"大胆"的想法，他发现很多同在一层宿舍楼，或者同上过课、打过照面、甚至只要是在同一学校的人，都值得亲近、了解，"这就是大学校园的好处，学生们多不相似，但都处在'学生'这个'不带刺儿'、天然地与人亲近的定位上，所以我最近会跟一些有过面缘的人打起交道、互相聊聊什么的，这可是交朋友的最后良机了"。

"顺其自然"不只是一种态度，更值得被当作一个目标。它意味着去顺着自己的心意，找到自己的热爱。因为自在，所以投入，当然就能生花结果。这便是黄涛在这方精致的校园中得到的最大收获。

在采访最后，黄涛开心地表示："祝校庆一切顺利，多多记着点我们这些离校了的校友，我们乐意的。"

学生记者：周瑞、李子宜等

正心诚意　以心为伴

【基本信息】

邵薪羽，国际关系学院 2013 级本科生，2016 年吴玉章奖学金获得者，毕业于山东省临沂市郯城县第一中学，现保送到北京大学燕京学堂政治与国际关系方向攻读研究生。

【正文】

"得知自己获奖的时候，真的很开心。"在邵薪羽心中，人大是她高中时代的梦想，真的考入这里之后，她就下定决心，要让大学四年的生活过得精彩。

日积月累，得之惬意。

吴玉章奖学金的申请过程充满了挑战。在最后一轮的竞评展示中，邵薪羽认真准备了申请材料，她发现，自己虽然学分绩排名全年级第一，但是有些科目其实并没有拿到很高的学分，甚至一门科目的学分绩只有2.3——可回想起这份成绩背后的故事，她还是觉得很值得。

对于大学里的课程，邵薪羽一直认为，认真的态度是最重要的，"用'不敷衍'的态度来对待每一堂课，才能真正有所收获，成绩取决于平日的积累"。大二下学期的体育课，她抱着试一试的心态选修了从未接触过的排球，上过两节课后，邵薪羽发现自己确实没什么排球天赋，不但手臂没有力量，在动作技巧上也很难做到位。但她是个"固执"的姑娘，常常自己一个人抱着球趁中午没课的时候到世纪馆去练习。学期末，世纪馆门卫室的老大爷都认识她了，每次都会亲切地和她打招呼说："小姑娘，又来练球呀。""排球课真的可以说是我大学四年中学的最吃力、付出最多的一门课了，虽然最后只拿到了2.3的学分绩，对我的总成绩有些影响，但是我收获满满。这个过程中，我真的很感谢自己没有放弃，这种不逃避的'硬扛'态度让我为自己感到骄傲。"谈到这段经历，邵薪羽很开心、也很怀念，"大学课堂本来就不仅仅是签到、交作业、考试、成绩，我应该真正学习一些新东西，学着接受不完美的自己，也学会和自己的内心对话。"

倾心于此，失亦随缘。

在周围同学的眼中，邵薪羽是一个"爱折腾"的姑娘，什么时候都闲不住。提起出国，她不仅在出国交换期间成绩优秀，还在繁重的课业之外又参加了两份实习工作；谈及实习，目前已经保研北大的她正在做自己的第六份实习，北京市人民广播电台、世界经济论坛大中华区事务组等等都留下过她的足迹。

邵薪羽相信时间就像是海绵里的水，只要愿挤，总还是有的。她没有能力让自己的时间变得更多或者过得更慢，只能合理利用这些时间。"我觉得自己不是'multi-tasking'和'time management'的'大神'。我只是坚持入学时的梦想，希望自己在这个让我倾心的地方变得不一样。"她每天都会给自己制定目标，先把最重要的事情做完，一项项划掉，学习的时候会把手机网络关掉，

沉浸到自己的小世界去。"这些小技巧确实让我受益很多，只要专心去做，你真的可以完成计划的大部分事情。"

时间总是有限，"因为准备保研，我放弃了美国教授为我写的出国留学推荐信；因为出国交换了一年，我没有参加过'大创'等科研竞赛，也没有在学生组织或社团中承担工作"。邵薪羽会觉得仍有遗憾，但却没有后悔过："我所处的任何境遇都是自己一步一步积累中达到的，在积累中有得有失，是再正常不过的事情了。"大学里，每个人都要面对诸多选择，找到那些让你倾心的事情，得失随缘，不失为一种雅量。

本心如此，乐哉乐哉。

娓娓道来的邵薪羽一双大眼睛中总是含笑，让人不由觉得她是一个亲切又可爱的姑娘。"我现在经常会回忆起交换期间的一些事儿。当时真的好忙，课业压力特别大，每周的阅读作业和每节课的论文都要尽力去完成。在一个全英文的环境中，我还会不断地强迫自己主动找教授沟通交流，以锻炼自己的口语表达。这个过程真的很煎熬，但不可否认，这的确能够让我快速成长。"在国外，她还参加了很多志愿活动，比如一个跨越加州南北的公益项目。邵薪羽和大家一起露宿在山上、湖边、海滩边，为海洋环境保护而奔走。山上露重，宿营的第二天清早起床，她的衣服都是湿透的，可这种跟着一群志同道合的朋友一起奋战的经历，让她感到十分快乐。

偶有空闲时间，邵薪羽和大部分学生没有什么区别，也会去"刷剧"、聚餐、健身，但是这种时候还是很少。"我自己就是这样一个人，比较闲不下来，总是让自己处于各种实习琐事中，焦虑和压力是常态，不过我却很享受这样的忙碌和压力，因为挫折挑战越多，成长才越快。现在我也会慢慢调整自己的步伐，不要太压迫自己，慢点走也好。"本心在此，累亦极乐。

邵薪羽行将毕业，加之保研到北大，2017年6月份，她毕业离开人民大学了，对于这方精致的校园，她始终心怀感激。"高中时，人大是一个足以令我仰望的存在，高考能够进入人大是我的运气，也是我的转折点。感谢人大，同时，也庆幸我没有辜负在人大的几年。我会以人大为起点，继续努力。"对于人大的师弟师妹们，她充满深情："有人说'努力不一定有回报'，但是，我肯定，努力一定有回报，它可能迟到，但是一定会来。希望师弟师妹们能够享受努力的过程，在付出汗水的过程中收获更好的自己。"

学生记者：李欢

有温度、有力度、有韧度

【基本信息】

杨子强，法学院 2013 级诉讼法学博士研究生，校团委副书记（兼职），全国学校共青团研究中心特聘研究人员。曾担任全国学联驻会执行主席，获全国高校"践行社会主义核心价值观先进个人标兵"。在《人民日报》等发表文章近 20 篇，调研报告曾获国务院副总理刘延东、教育部长陈宝生等批示；曾代表全国青年学生在中共中央纪念抗战胜利 69 周年座谈会上发言，受到习近平总书记的亲切接见。

【正文】

"不失赤子之心，去做一个有温度的人；不负沃土之基，去做一个有力度的人；不坠青云之志，去做一个有韧度的人。"这是杨子强一直以来对自己的期待，他始终心怀感恩、坚定前行，在工作和生活中践行着这句话。

有温度：不失赤子之心。

2013 年，杨子强带领着"千人百村"实践团在福建宁德开展调研。在回程的火车上，杨子强收到了调研期间负责照顾他们的当地一个基层干部发来的短信，短信中饱含着这位干部对同学们的祝福："短短十天，大多数人走马观花，而你们却是动了真情，希望你们今后不管在哪，成为了谁，永远关注基层、爱护基层。"这条短信对杨子强的触动很大，于他而言，这几十字的短信不仅是一次幸运的经历，而且是宝贵的精神财富，成为了他奋进路上的"指路明灯"，

思索途中的"牵引力"。

带着关注基层的一颗心，每当有机会发言或是参与政策文件的咨询论证时，杨子强始终会从人出发、从基层出发思考问题。在一次去往福建的调研中，杨子强偶然间了解到当地人民处理纠纷的灵动方式：依托信息化技术进行"网格化"创新管理。在实地参观调研后，杨子强将当地处理纠纷的方式撰写成文：《一线探访：社区网格员—"网"情深筑安宁》，并发表在了《人民日报》上面。"我想这就是基层的巨大活力，对我们社会的治理有着非常宝贵的借鉴意义，但它可能在我们平时不太能关注得到的地方，只有深入生活、深入群众、深入观察，才能帮助我们制定更好的政策。"

除了《一线探访：社区网格员—"网"情深筑安宁》这篇文章，杨子强撰写的其他文章，如《致2015届毕业生——别辜负了人生这场壮游》《共青团改革，让陪伴成为一种力量》《年轻干部的"五从"和"五来"》也多次发表在《人民日报》、新华网等主要新闻媒体上，引起广泛反响。谈到发表文章的心得，杨子强用三"思"进行了概括："第一是始终居安思危，无论是做学术，还是做工作，都要有问题意识；第二是始终饮水思源，思考和解决问题的时候要站在正确的立场，认识到所做一切的动力来源都是为了党、国家和社会更好地发展；第三是始终见贤思齐，常去看好的文章、收藏好的文章、琢磨好的文章，不断模仿，不断创新。总结起来，就是对社会的问题要居安思危，对所站立的立场要饮水思源，对具体的写法要见贤思齐，这样才能不断进步。"

带着三"思"而行的杨子强，在公众号上偶然看到"95后大学生使用QQ空间、微博的频率高于微信"这个观点后展开了思考，在团委担任宣传工作的他敏锐地发现了解大学生主要信息传播阵地的重要性，随即与他人合作，针对95后大学生的网络行为特征开展了问卷收集及实地调研，撰写了《95后大学生网络行为特征及启示》报告。该报告于2017年2月10日通过《共青团信息专报》上报至中办国办，获国务院副总理刘延东、教育部长陈宝生等党和国家领导人重要批示。文章同时还被中央政策研究室《学习与研究》杂志2017年第 3 期转载。

有力度：不负沃土之基。

杨子强目前兼职担任校团委学生副书记的职务，这对于在校生来说可以说是莫大的荣誉。在校团委，他重点负责团委宣传、理论研究方面的工作，同时联系青年人大和研究生会的工作。对于这份"工作"，杨子强乐在其中，"与青年学生同行，还能做些研究性的工作，这正是我的乐趣"。但忙碌也成了他生活的常态：白天学习、学术，晚上加班，学生活动中心几乎成了他半个家。

繁忙的工作并没有使杨子强"透不过气"来，相反，他对于自己的工作有着清醒而深刻的认识，对于如何兼职当好团委副书记、如何更好地为大家服务，也有着自己的心得，那就是给"兼职"的"兼"找好偏旁部首。他笑着说："首先'兼'字加上言字旁就变成了'谦虚'的'谦'，意味着作为博士生，要保持学生的本分和学术的本位，这样才能用一个谦逊的姿态去赢得老师和同学们的支持；其次'兼'字加上广字旁就变成了'廉洁'的'廉'，作为学生骨干，常常会出现'权力幻觉、能力幻觉和角色幻觉'，因此无论从行为层面，还是精神层面，都要时刻注意，守好心灵的'廉洁'；最后'兼'字在'廉'的基础上加上'钅'字旁就变成了'镰刀'的'镰'，作为普通学生的代表，我离学生更近，更了解同学们的痛点、泪点和笑点，要更多地为同学们发声，推动变革，把信息更准确地传达到团组织，让团组织更精确地为学生服务。"

除了兼职担任校团委副书记的职务，杨子强也曾担任全国学联驻会执行主席，任职期间被组织推荐，参加了中共中央纪念抗战胜利 69 周年座谈会，并代表全国青年学生在座谈会上发言，受到习近平总书记的亲切接见。"我在会议前两天，才收到要代表全国青年学生上台发言的通知，当时非常的激动，这是一个很特别的场合，我必须要在发言中把当代中国青年的最好的精神风貌展现出来，这在某种程度，是一个民族未来的梦。"在座谈会上，作为全场最年轻的代表，杨子强以最饱满的精神状态完成了发言，展现了中国青年的自信和担当，会后得到多家媒体的一致好评。

有韧度：不坠青云之志。

作为法学院 2013 级诉讼法学博士研究生，杨子强即将毕业，回顾大学生活，他决定用"感恩"和"前行"来概括在人大度过的时光。杨子强认为自己的大学时光非常幸运，无论是发表的文章、参加的社会实践，还是认识的有意思的朋友，都是人大带给自己的幸运，有太多太多的老师、同学帮助、支持、启发过我，"他们给予了我成长的力量"。所以他也常怀一颗感恩之心去面对人大的一切，希望通过自己的工作为学校做贡献、为更多的师弟师妹提供帮助。杨子强并不认为这样的幸运是从天而降的，相反，是需要通过自己不断努力，才能在不断前行的路上遇见这些宝贵的财富："我一直坚信读书可以养才气，勤奋可以养运气，感恩可以养大气，淡泊可以养志气。我们可能会抱怨自己时运不济，但其实可能是我们还不够勤奋，所以勤奋读书、感恩待人、淡泊名利，这样才能找到自己的位置，做一个有韧度的人。"

斗转星移，岁月轻擦，杨子强这样认识"人大精神"："回顾人大 80 周年的历史，母校在每个阶段都发出了最振聋发聩的声音：抗日战争时期，为了新中国的建立，陕北公学牺牲了无数英雄的生命；文革时期，张志新烈士敢于在当时残酷的环境下实事求是，以生命践行真理；改革开放时期，胡福明、陈锡添两位校友先后写了《实践是检验真理的唯一标准》《东方风来满眼春》，成为当时中国加快改革开放步伐的最强音……在大时代的大浪淘沙下，中国人民大学的校友一次又一次挑起民族大梁，始终奋进在时代前列，这样的精神我们不仅要学习，也要去践行。20 年后，当母校百岁生日的时候，我们要对得起'人大人'这个光荣的名字！"

学生记者：陈美伶

归于初心，走向基层

【基本信息】

郑睿臻，女，陕西人。2012 年入学，就读于社会与人口学院人口、资源与环境经济学专业。2014 年获得直博资格，继续跟随翟振武教授攻读本专业博士学位。在校期间，先后获得国家奖学金、三好学生、省级社会实践优秀个人、省级社会实践优秀团队、优秀班干部、优秀团干部、优秀研究生、挑战杯创业计划大赛金奖、北京市优秀毕业生等荣誉。曾在商务部实习，并于 2015 年 8 月至 2016 年 9 月在美国华盛顿圣路易斯大学学习交流。博士期间，在《人口研究》《中国青年研究》《软科学》等核心期刊上发表学术论文 5 篇，参加社会工作领域内的顶级国际学术会议（SSWR 年会）、美国儿童发展战略会议等。

【正文】

回忆起自己的大学生活，郑睿臻用"尝试"两个字加以概括。大一时，她就尝试接触一些新鲜的事物，成为了学校校报记者团成员。大二时，她成为社团联合会的副主席，在多彩的社团生活中不断发现自己、挑战自己。尝试诸多社会实践与调研活动的同时，郑睿臻同学以极高的绩点顺利完成了自己的学业。她说，大学对她来说是一个不断尝试、不断积累、不断明确自己心中目标的时期。正是因为有这种勇于尝试的热情和不怕失败的决心，这段大学时光才显得弥足珍贵——既是一份宝贵的人生体验，也收获了荣誉和成长。

女博士：学术是一种追求。

攻读硕士时，她放弃了本科所学的工商管理专业，而选择保送到人大的人口、资源与环境经济学专业来拓展新的天地。这一选择对她而言也是一次颇有意义的尝试。人口、资源与环境经济学与现今经济与国家社会发展有着密切的联系，更是她自己的兴趣所在。在研究生阶段，她曾在商务部进行为期两个月的实习。通过这次实习经历，她感觉到自己在专业知识方面的储备仍然不足，还需要进一步的积累和沉淀，她说，读博对她而言是一个更好的选择。

谈到"女博士"，郑睿臻对现在社会上存在的对女博士的标签化看法表示

非常不理解。她认为女生选择读博是一种有人生追求，有理想的表现。她希望大家能够尊重女性对于知识的追求，希望更多的人可以抛开性别去看待博士。可能对于一个女生来说选择继续深造读博是一个非常具有挑战性的事情，硕士毕业的郑睿臻也曾为此犹豫很久，但最后她还是选择抛弃人们对于女博士的成见，听从自己内心的声音，同时也获得了家人无条件的理解与支持。

人大人：求是是一种态度。

采访中，她曾多次提到她的导师翟振武教授，她说，在人大学习生活的五年时间中，翟振武教授对学术的严谨认真、实事求是的态度对她产生了潜移默化的影响。在导师以及人大良好校风、学风的影响下，理论联系实际、不生搬硬套、实事求是的精神刻在了她的心上——做学术研究和实习调研时始终保持着一颗从实际出发的心；认认真真做事，踏踏实实做人，从实践中发掘自己想要的东西。

实事求是的态度也引导她深入到群众中去了解一些真实情况，而不是在利益的驱动下去完成一件事。她认为人大"争做国民表率，社会栋梁"的口号，是人大对学子的美好期望，体现了人大人的一种精神，也是我们生活与工作的标杆。她说，在未来的工作中也将更加严格地要求自己，实事求是地做人、做事，才能真正地把自己的志向和祖国的发展联系起来。

选调生：基层是一种情怀。

"不忘初心，方得始终"是她的人生信条。博士毕业的郑睿臻并没有像大多数人所期望的那样，留在北上广深等一线城市工作，而是选择回到自己的家乡陕西，开始新一次的尝试和挑战，成为一名选调生，在基层中磨炼和考验自己，在基层中为百姓服务，为民生献力。

建设家乡，回到最需要人才的西部地区是她幼时的梦想。小时候回陕北老家时，看到家乡人民最早喝的是深井水，后来由于深井水的逐渐干涸，百姓只能喝下雨天收集的雨水。很久以后，家乡人民才喝上干净的自来水。这个漫长的过程让她意识到，社会生活的进步在这个小地方几乎停滞。因此，她想去帮

助这些贫困的人们，让他们能过上更好的生活。

年少的种子在她心里生了芽，在人大求学期间的社会实践和调研更是让这一梦想得以坚定。一次调研活动中，郑睿臻去到了国家信访总局的接待大厅，大厅外面两排长长的上访队伍更是让她感触颇深。队伍里，她看到了抱着孩子的妇女和拄着拐杖的老人，每天等到上班时间就来排队等着上访。看着这些百姓，郑睿臻更坚定了自己赴基层工作的选择，因为她想让群众在家门口就能解决自己的诉求，想让我们的基层工作能切实从老百姓的角度出发，做到群众满意、群众放心、群众认可。

基层的艰苦与不足丝毫没有阻碍她前进的脚步，她这样说："基层是最艰苦的地方，但基层也是最需要我们的地方，所以基层是可以让我们大干一场的地方。"在做出最终决定前，学校学生就业创业指导中心的老师们精心组织了各种讲座、实践活动，让她对基层工作有了更深入的了解，为她以后开展工作

做了很好的铺垫；家人的理解对她赴基层工作也是一种无形的力量。当然，作出决定后，怀疑和否定的声音经常会有，她也会去倾听和尊重人们的意见建议，但难能可贵的是，她没有忘记去叩问自己的内心，问问自己真正想要的是什么。她倾听自己的声音，听到了年少的梦想。

郑睿臻说，基层就是这样一个地方，它可以让年轻的热情浇筑成实在的花朵，可以让自己的青春燃烧，为百姓做切实的贡献。她还想工作后，用自己的工资资助一些因贫困而无法追求梦想的孩子。也许，梦想就是这样生根、发芽，然后薪火相传。

愿这个独立、自信、认真、负责的女孩儿可以在未来的道路上发光发热，可以依靠自己的双手帮助更多需要帮助的人，也希望她在陕西这片土地上更好地实现自己的人生价值，为了更多人的幸福梦而奋斗！

学生记者：包聪宇

做棵扎根基层的树

【基本信息】

聂大海，中共党员，信息学院 2007 级信息管理与信息系统专业本科生，国际关系学院 2012 级世界经济专业硕士研究生，经济学院 2014 级政治经济学博士研究生，考取重庆市 2017 年选调生。本科期间曾任校学生会副主席，硕士期间任校团委校园文化部副部长（兼职），博士期间任校团委组织部部长（兼职）。曾获优秀学生干部奖学金、优秀班干部奖学金，北京市"先锋杯"优秀共青团员、北京市"先锋杯"优秀基层团干部、校级"奥运工作先进个人"光荣称号，国庆群众游行嘉奖。曾代表人大学子参与奥运会相关志愿者工作以及国庆群众游行。

今年是聂大海在人大校园里度过的第十个年头。十年的时间对谁来说都是不短的光景，在完成博士论文的那一刻，他看着宿舍窗外那棵松树，感触颇

多。他说，这棵常绿的松树这些年一直陪伴着他，好像已经成了他生活的一部分。谈到十年间自己的变化，"心态好了，状态也更从容了！要学习这松树嘛，风吹雨打，不摇也不动。"聂大海笑着说。十年的时间对于一棵树来说，或许很短暂，但对于聂大海来说，却完成了人生质的飞跃：毕业后的他选择成为一名基层选调生，将离开学校、离开北京、去往重庆，去扎根基层、扎根人民，如他所说，做一棵"不摇也不动"的大松树。

校园生活：风华正茂，正值年少。

回忆起本科阶段的青葱岁月，聂大海笑言，感觉现在的自己"老了"。初入校园的聂大海也同很多学生一样，将学生工作作为大学生活中一种新的尝试。大二时，聂大海担任校学生会文化部的部长，这个"职务"在人大学生工作中可谓是出了名的"苦差事"：那一年，他几乎参与了校团委举办的所有的大型文艺活动——"你的舞台"校园歌手大赛、"一二·九"合唱比赛、"五四"文化艺术节……晚会的举办并不轻松，从头顶的灯光到地上的道具，从台上的节目到台下的观众，事无巨细，他都需要一一参与。"那时候最让人如释重负的时刻就是主持人对大家说'晚会到此结束，祝大家晚安！'，那感觉简直比听到下课铃还要悦耳。"看惯了明德堂从黑到亮、从空到满的转变，聂大海的心态也在悄然变化，从最初接触工作时的兴奋变得越来越平静，"人生或许就是不断归零的过程，每一次晚会的结束，都意味着下一项工作的开始。没有

什么热闹是永恒的，但收获总是自己的"。

繁重的晚会任务锤炼了聂大海的能力，让他学会了平衡，学会了从多个选项中挑选出最重要的那个。"怎么会没有遗憾，但更多的是收获吧！我会比较享受通过工作而收获到的别人的认可。"当被问起本科时的遗憾时，他如是说。当需要工作的时候就夜以继日地干，当需要学习的时候就专心致志地学，每次只坚持做好一件事成为聂大海对自己的要求，更重要的是，他找到了值得坚持的目标。

基层经历：初涉基层，收获成长。

2011 年 7 月，本科毕业的聂大海怀抱着支援西部的热情，成为了学校第十三届研究生支教团的一员，在重庆市长寿区进行为期一年的支教活动。他未曾想到重庆——这个求学生涯中的转折点，竟成为他人生新阶段的起点。由于在校期间丰富的学生工作经历，聂大海被借调到区党委组织部协助党建的工作。这份工作让他对基层党政机关的工作有了更加深入和全面的了解，也正是这样的一个机会，使得聂大海越来越喜欢这方面的工作，并最终选择了基层这条路。"以前觉得政府部门主要是做决策的，直观地理解工作性质会比较宏观，但是没想到会那么具体。在那里我真正感受到了'上面千条线，下面一根针'的含义。"由于从来没有接触过基层党建的工作，刚刚进入单位的聂大海工作起来有些吃力：很多的文件没有接触过，工作中面临的也是具有不同特点的干部群众，在初入岗位工作的过程中并不十分适应，但是凭着自己的努力和学生工作的经验，聂大海的工作开展得越来越顺利，他很快就成了讨人喜欢的"组织部里新来的年轻人"。

在工作中，聂大海深切体会到地方基层工作的重要性，政府的每一项工作，领导的每一个决定都直接关系着老百姓的切身利益。就拿他所在的组织部门来讲，考察干部、提拔任用的公道、谨慎与否直接决定了能不能选拔出真正为民服务的好干部；党的建设工作也是执政能力体系的重要组成部分，直接关系着人心向背，因此必须以对党和人民高度负责的态度开展工作。聂大海谈起协助区召开党代会的工作，党代会是当地干部群众政治生活中的大事，而考察各个党代表的重任就交到了区组织部的肩上。"我们部门一共就 20 来人，要审查上百名党代表的资料，但这项工作非常重要，容不得一丝马虎，我们当时核查每一个代表的材料，挑疑点，找盲点，工作任务还是蛮重的。"

但就是这一年基层工作带给他新的成长，也让他找到了人生值得努力的方向，"进入基层，为人民做一些事情成了我职业选择的唯一方向"。

远赴基层：不忘初心，家国情怀。

如果一定要用一个词来形容聂大海的履历，或许可以用到"惊艳"——人民大学本、硕、博学位，比利时布鲁塞尔自由大学硕士学位、学校团学骨干、基层的工作经验……这样的履历留在北京，找一个体面的工作并不是什么难事，但在毕业之后，聂大海还是毅然决然地选择了成为一名选调生，前往曾经有过一年工作经验的重庆基层工作。"还是一种情怀吧，总觉得那里需要我，在重庆的一年，跟当地同学们和当地的干部群众接触，总有一种莫名的亲切，我感觉我已经成为半个重庆人，所以于我而言，这个选择也是回'家'。"

聂大海是山东人，离开家乡、离开北京，去重庆工作，对于他来说，是个不小的转变，这么重大的选择当然需要征求父母的意见。事实上，聂大海的家人一开始也并不支持他的选择，父母都希望他能够留在北京。"天下父母的心思都是一样的，希望我留在北京，过上踏实的生活。但另一方面说，天下父母

又都是爱孩子的，他们会尊重我的选择，也会说好男儿志在四方来鼓励我。"
"最终还是支持的，因为他们知道我的理想，他们也希望我能够为当地的群众
做一些好事。"聂大海建设基层的朴实梦想打动了他的家人，有了家人的支持
和鼓励，这条基层选调之路，他走的更加坚定。

当被问及对未来的期许时，没有豪言壮语，没有信誓旦旦，有的是最简单
和朴素的想法。他说要给自己三四年的时间，去慢慢适应、慢慢融入、慢慢成
长，欲速则不达，人生的路还有很长，他要徐徐图之。"第一步就是从博士变
成小学生，搞好学习。"为此，他还为自己设定了学习目标：学习当地的方言、
融入当地文化、深入了解当地经济社会发展的特色。因为只有懂得了当地的语
言，真正融入当地的文化，真正掌握地方发展特点，才能和当地人打成一片，
才能更好地发挥才干做出实事。

时光荏苒，十年光景，聂大海在人民大学的学习旅程也画上了一个完美的
句号。愿他在基层的道路上，徐徐前行，一如校园内的那颗松树般，带给基层
属于他的色彩和感动。

学生记者：道日那、高欣、姚晓惠

青年服务国家，勇担时代使命

【基本信息】

巴思齐，女，四川人，国际关系学院 2011 级外交学本科，2015 级外交学
硕士研究生。在校期间曾担任北京市青年联合会副主席、北京市学生联合会主
席和中国人民大学学生会主席，获北京市"三好学生"、北京市"优秀学生干
部"等光荣称号。学术论文曾获学校第十六届"创新杯"学生课外学术科技作
品学术论文一等奖、2013 年大学生创新实验计划市级立项。

【正文】

今年夏天，作为中央选调生的巴思齐就要踏上基层工作的征程，面对新的

环境、新的挑战，巴思齐的内心充满了期待。如果要概括她的整个大学生活，"青年服务国家，勇担时代使命"，在她看来，是再合适不过了。

缘起学联，服务青年。

人民大学有着自由的校园氛围，这样的氛围突出表现为对于不同学生的不同人生道路选择的尊重。巴思齐认为正由于这样的校园环境，才能让自己勇于去尝试生活中的各种可能性，并发现生活的突破点，这也是她最为感谢母校的地方。

谈到大学最大的尝试，巴思齐讲起了她在学生工作上的一些经历。在校期间，她曾担任校学生会主席，同时兼任北京市学生联合会主席，这给了她在更大的平台上锤炼自身，思考人生方向的机会。在担任北京学生联合会主席期间，巴思齐曾负责组织首都大学生参与烈士纪念日向人民英雄敬献花篮仪式，这段经历让巴思齐记忆犹新。由于不能影响白天时天安门正常的对外开放，所以只能赶在晚上到天安门广场上进行相应的准备活动。晚上安静的天安门似乎与平常相比显得更加的空旷，广场上他们来回忙碌走动的脚步声，像是青春的律动。为了达到活动的预期效果，呈现给全国人民一场庄严的盛会，巴思齐带着志愿者们一次次磨合，一次次改动，他们在那些个夜晚里洒下的汗水，正是他们对青春的一种诠释。

巴思齐的市学联主席的任期恰逢市学联十一届委员会任期的最后一年，因此，她还承担着筹备市学联十二大及起草工作报告的任务。为北京市的学生们发声，带给巴思齐的除了个人的荣耀，更多的是责任和使命。为了使工作报告

更接地气，巴思齐和她的同事在团市委老师的指导下多次召开座谈会，听取了来自不同学校、不同年级学生们的建议和意见，了解他们的切实需求和感受。通过与不同的学生群体接触，巴思齐也感受到当代青年学生身上的昂扬朝气以及对中华民族伟大复兴的历史责任的担当，这也给了巴思齐更大的信心：服务青年，凝聚青年，引领青年，是她当仁不让的责任。

夜晚安静的天安门有她忙忙碌碌的身影，十二大期间学生代表大会讲台上有她昂扬向上的报告……她最朴素的愿望，就是希望每一个人大毕业生都能够通过自己的努力为人大再增添一点光辉！她最真挚的情怀，就是尽情享受学生工作带给她的美好与感动。

"立则如山，行则如水"。

说到对于人大精神的理解，巴思齐笑着谈起对校训"实事求是"的思考。对于刚刚入校的巴思齐来讲，最初的校训似乎只是东门的"吮指原味鸡"上的四个鲜红大字。但是，随着她理解的深入，她越发感到"实事求是"所表达的是一种态度。为了更加清晰地表达自己的感受，巴思齐又说到一位老师曾经对她的教诲——"立则如山，行则如水。"

"立则如山"说的是在大是大非问题上的立场，这是对信念的坚守，也是对理想不懈的追求，是每个人大人安身立命的根本；"行则如水"则是在面对多元时的态度，当不同的观点针锋相对，当不同的思想激烈碰撞，水的柔性吸纳了条条涓流，最终才能汇成健全的人格与博大的思想。而这"立"与"行"之间，需要的就是我们实事求是的态度，需要的就是我们察觉问题的敏锐，只有根据实际情况，分清主次，才能在这"立"与"行"间灵活把握，运转自如。巴思齐认为，正是由于人大人具备这样"实事求是"的品格，才让那么多的前辈从各行各业中脱颖而出，成为时代的弄潮儿和中坚力量。在坚守中明确方向，在包容中完善自身。虽然成为"国民表率，社会栋梁"的前路漫漫，但巴思齐已经踏上征程。

　　见贤思齐，全情投入。

　　毕业后，巴思齐马上就要作为一名中央选调生，前往基层工作。在她看来，成为中央选调生，一方面能丰富基层工作经历，另一方面也可以获得一个快速成长的机会。母校赋予巴思齐的社会责任感，让她十分珍视这段基层工作经历，她相信，中央选调生会为她的人生开启更多选择，更好地服务社会。

　　一直以来，巴思齐都希望能够将个人所学所知运用到推动社会进步、祖国繁荣发展的事业中去。为中华民族伟大复兴的中国梦而奋斗，是巴思齐所理解的青年学生应当承担的责任和使命。人大人一直有一种始终奋斗在时代前列的精神气质，作为青年学生想要服务国家，服务人民，当然不能光空喊口号，选调生也正是给了巴思齐这样一个机会让她去深入基层、了解基层，这也为她思考青年之于时代的使命提供了一个新的视角。

　　见贤思齐，是她名字的来历；全情投入，是她做事的准则。采访已近尾声，她的笑容定格在我们脑中；六载时光如水，她已经背向校园，迈上人生的新征途。青年服务国家，勇担时代使命，在中央选调生的道路上，她将继续书写自己的灿烂篇章。

学生记者：武煜熹

以梦为马　潜心前行

【基本信息】

　　沈栖桐，女，汉族，江苏省常州市人，中共党员，2015年免试推荐攻读中国人民大学新闻学院传播学硕士学位。本科及研究生期间，曾获国家奖学金一次，校级一等、二等奖学金若干次，先后获评首都高校优秀毕业生、校级优秀毕业生、北京市"先锋杯"优秀共青团员等荣誉称号。现考取中央选调生，将在中央网信办工作。

【正文】

照片中的女孩笑容明媚灿烂，眼睛里闪着光，透过那双眼睛，仿佛就能看到她对未来满满的自信。

一路而来获得了丰硕的荣誉和成绩，沈栖桐无疑是逐梦路上的成功者。但谈起如何让梦想变为现实，沈栖桐谦虚而诚恳："腾云驾雾只是'神仙'的特权，唯有正确的信念、脚踏实地的努力，才能迈向成功的化境。"

梦的开端：种子从小播种。

梦想，起初只是萌发于心的小小火苗，现在终于成为摇曳生姿的火花。沈栖桐觉得自己很幸运：这一路走来，始终有熠熠生辉的精神火炬在引领着自己的逐梦前路。

沈栖桐就读的小学和初中是著名数学家华罗庚的母校，华老严谨的治学精神和深沉的爱国情怀，对她的个人成长影响极深。她的高中是一所有百年历史的苏南名校，涌现过众多学界巨星，其中让她最引以为豪的，是共青团创始人张太雷和我党早期领袖瞿秋白。高中三年，她每天都在校园里与这两位杰出校友的铜像谋面，为真理而舍生取义的"太雷精神""秋白精神"，润物细无声地渗入她的心灵深处。

家庭的熏陶也格外重要。外公是战火纷飞中走过来的老军人，更是位共产主义信念笃坚的老党员。自离开家乡到北京求学的这 6 年，外公雷打不动地坚持每月给她寄来一封信，时刻关心她的思想动态和学业情况。每封家书里，他都谆谆勉励她要"树立正确的人生观、修炼坚定的共产主义信念"。厚厚一摞家书，成为沈栖桐逐梦路上最温暖的陪伴。

从那时起，沈栖桐心中开始埋下理想的种子：让报国志常栖心头，手执理想的火把，照亮人生知行之途。

梦的升华：遇见人大。

2015 年，沈栖桐获得中国传媒大学的推免资格，保送到人大攻读硕士学位。校园里，严谨的教风、勤勉的学风让沈栖桐丝毫不敢懈怠。

"80 年校史中璀璨若星辰的优秀校友既让我心生仰慕，更促我见贤思齐。"

从中传到人大，最初的学习并不轻松。沈栖桐回忆，刚上刘海龙老师的课时，"每次他都会布置海量的阅读书目及研习作业，当时确实压力极大，总觉得自己怎么努力也不可能完成"。压力没有让沈栖桐丧失信心，相反，正是这种压力成了她钻研的动力。沈栖桐成了图书馆的常客。她沉浸于书页之间，当潜心思考成为习惯，积淀自然丰厚。"专注精神与专业态度，完全可以把'不可能'成为'可能'。"沈栖桐非常敬佩这种务实的教学精神。"几乎我接触的所有任课老师，都是用这种孜孜不倦的红烛精神，点燃了我们心中求知的热情。"说到老师，沈栖桐语多感激。这些敬业的老师不仅教给了她专业知识，更让她铭记了求实的态度与作风。

她曾在人民日报社政文部、新华社等国内多家主流媒体实习，多篇稿件被多家主流网站和官方网站转载，产生一定网络影响。她撰写的中宣部指定年终专稿《觅信仰之灯与真理同行》刊于《人民日报》要闻版，中央政策研究室原副主任、著名党建理论专家郑科扬在批示中给予高度肯定。

丰富的实习经历不仅让沈栖桐增长了阅历，也让她看到了未来的道路该通向何方。她发表在《人民日报》的一篇征文，用《雷锋日记》中的一句话作为

标题："青春属于永远力争上游的人。"沈栖桐是这样说的，也是这样做的。正如她的硕士研究生导师倪宁教授对她的评价那样："从她平素的言行举止中，能感受到她在修身立志、勤学精进等方面对自己始终有严格要求，并自然流露出社会责任感和不负时代的担当意识。"

这份责任感与担当也是沈栖桐对人大精神的感悟。她相信，只有最诚挚的爱国情怀，才能催生最纯净的学习动机，获得最有效的学习成果。信念的根基扎得深，未来事业的大树才会茂盛。

我校今年喜逢八十周年校庆，沈栖桐感慨良多。"历览前贤皆先锋。"回首人大八十载历史，沈栖桐感受到：时代不同，爱国敬业的传统却薪火相传，永不熄灭。

正是基于这样的责任感和担当精神，沈栖桐报考了中央网信办的公务员。"新媒体条件下，受众与媒介间的距离将大为缩短，受众在选择信息上变得更积极主动。因此，宣传工作者绝不能一厢情愿地'自说自话'。我希望在这样一个充满挑战的领域做些力所能及的工作。"

让梦想照亮现实：新的旅途再出发。

中央选调生的遴选，要求严苛，程序复杂。沈栖桐由衷地说："如果没有老师的一路陪伴与贴心服务，我可能坚持不到最后就做了逃兵。"

在岗位选择阶段，学校就专门指定老师，针对每位初选入围同学的具体情况，进行个性化分析，认真帮所有人选定最适合自己的岗位去冲刺；国考笔试过关后，学校更是精心组织了面试辅导和心理疏导，让学生以最佳状态迎接最后的闯关。

"从头至尾，学校为我们每位选调生的服务，真是可以用'无微不至'来形容。学校，是我们最坚强的后盾、最温暖的后方。"如今的沈栖桐考取了中央选调生，即将在网络新闻信息传播管理局工作。当然，这次的成功不会是沈栖桐梦想的终点，对于未来，她还有更多的憧憬与思考。

人大的学习与实践经历让沈栖桐体会到：全媒体时代，传播方式和理念注定将面临更多挑战。因此，她仍然准备不断进行知识更新，深入学习更系统的传播理论。同时，沈栖桐牢记"行是知之始，知是行之成"的道理，决心做出更多尝试，让学到的知识灵动起来。

沈栖桐认为，只有积累深厚，才会有能力对具体新闻现象进行独特的深入解读与判断，这也促使她"向更宽处觅读，向更深处求知"。

沈栖桐还记得入学第一天，她激动地在明德楼前留了影，"那是我放飞梦想的起点"。她说自己离校前的最后一天，仍然会在明德楼前留影："人生有涯而成长无涯，那是我逐梦长旅中永远的驿站与加油站"。

学生记者：郑光纯

人大的一千零一种走法

【基本信息】

周晓辉，汉族，中共党员，河南人，新闻学院 2015 级硕士研究生，曾有两年参军经历，后创办微信公众号"一号哨位"，迄今已有逾 50 万粉丝；在校期间曾获 2016 最具影响力新媒体奖、2016 第二届全国互联网创业创新大赛北京市三等奖、2017 京东杯中国人民大学创业之星创业大赛"最具创业潜能奖"；今年 9 月将在人大继续攻读博士研究生。

【正文】

2014 年 1 月 1 日，周晓辉拥有了他的第一台智能手机，安装了微信。不同于大多数人的是，他并没有将微信单纯当作社交或是消遣的工具，而是依托于此，走出了一条不同于其他人的独特而艰难的道路。

军营：不愿后悔的选择。

2011 年秋，面对高校在读学生的征兵工作如期展开，在新疆生产建设兵团长大的周晓辉也有了参军的想法，他想，这一趟，不去定会后悔终生。于是，周晓辉说服家人，毅然决然地踏上了这条征途。

从新疆到哈尔滨，周晓辉开启了他人生中第一次真正意义上的远征。

2011 年 12 月 13 日凌晨 4 点 48 分，周晓辉乘坐的 K1301 次列车行驶 19 个小时后到达哈尔滨，与想象中的北国风光不同，迎接他的不是绚丽的冰城，而是黑魆魆的山沟、人烟稀少的荒凉和两年孤独而漫长的军营生活。

两年的时光，周晓辉在军营里当了半年的基层战斗人员，站了 500 多个小时的夜岗；徒步在林海雪原中行军 10 天，行程 300 公里；行走过祖国东北数千公里的边境线；在黑龙江流域抗洪抢险前线战斗了 20 多天，荣立战时三等功一次……随后又当了一年半的新闻报道员，在《中国青年报》《新华每日电讯》《解放军报》等 10 余家媒体发表文章 30 余篇……这些经历，熔炼了他的体魄，锻造了他的意志，使得他从一名气质书生成长为了铁骨铮铮的军人。

创业：我还青春一次远征。

如果说前往军营是周晓辉磨砺自我的一次远征，那么勇敢创业则是他放飞理想的又一次远征。

2013 年 11 月 25 日，周晓辉离开部队回到人大，在这个无比熟悉的校园里，他却常常想起军营生活的场景，此时的周晓辉就像《比利林恩的中场战事》里回到美国的士兵们那样，对于参军前熟悉的生活却感到难以适应。于是，他在微信上不断搜索与军旅相关的公众号，从一篇又一篇文章里汲取片刻的抚慰。当时的周晓辉并没有自己创办公众号的想法，一次偶然的机会，周晓辉把当兵时坚持写的日记精选了一百余篇整理成书《我还青春一次远征》，老师们对此大力赞赏，并且鼓励他申请一个公众号将自己的故事分享给他人。于是，周晓辉找到了当年的战友，国际关系学院的桂从路同学，两人商量后决定共同开办一个军旅公众号。他们兴奋地连夜讨论，从公众号的名字、理念、定位到运营方式，灵感几乎是在一瞬间迸发出来。又经过了周密的策划，这个载满记忆与理想的公众号最终在 2014 年 8 月 31 日诞生了，他们将它取名叫作"一号哨位"。

公众号的运营并没有想象中的容易，但激情却没有被琐碎磨灭。从"一号哨位"创办那天起，周晓辉就几乎没有在凌晨 1 点前睡过觉，逢年过节也不例外。在粉丝数从 0 到 1 000 的最困难的原始积累时期，周晓辉和幕后的工作团队，每天都在绞尽脑汁地想怎样策划好文，提高公众号内容的吸引力。

在他们的不断努力下，"一号哨位"的经营方向和定位逐渐清晰。这个公众号目前主要面向六大群体——现役军人、转退军人、军人家属、军校学员、拥军人士、青年学生；服务内容从征兵、军校、军营、转退到军恋、军婚，几乎囊括军旅生活的方方面面；推送风格也十分多变，从严肃正经到活泼搞怪都应有尽有。

现在，"一号哨位"的影响力从校园扩展到全军，在微信公众平台上已经积累了 50 万粉丝，在新浪微博、今日头条等平台也有几十万粉丝，文章总浏览量超过 3 亿，同时也成为湖南卫视《真正男子汉》栏目的推广合作平台。此外，公众号还受到中央军委政治工作部、各兵种部队、团中央等部门的关注和好评，2016 年被新媒体联盟评为"2015 最具影响力新媒体"。周晓辉自己也接到团中央、新华网以及各军兵种和军区的邀请，给相关人员分享新媒体运营经验。

未来：还在人大走四年。

未来，周晓辉将继续在人大攻读博士，开启他在学业上新的远征。

"人大，是个很包容的地方，在这里，大家都朝着各自的方向前进，"周晓

辉感慨道，"我也算是另类，选了第一千零一种走法。"回首过往的日子，周晓辉最遗憾的就是读书太少，"只有通读古今中外各个领域的经典著作，心里才能更有底气，这点我比较欠缺，只能慢慢弥补。"他还幽默地补充，"还有，本科时没谈恋爱，现在则没有时间。"

于周晓辉而言，人大是母校，更是他心灵航行的指明灯，带给他无穷的灵感。目前，"一号哨位"正在筹备第二本书《军营的一千种走法》的出版，周晓辉提到，这个名字源于人大一位校友的热门文章《人大的一千种走法》。在出发去当兵前一天，怀着对人大的眷念与热爱，周晓辉做了一件平凡又不平凡的事情：用了将近两个小时，将人大里大大小小的每一条路都走了一遍。"你知道人大校园里所有的路加起来有多长吗？"他露出狡黠的神情，"17公里，一共是17公里。"

此时此刻的周晓辉依然斗志昂扬，准备好用一生去践行他的一次又一次远征。他开拓进取的精神令我们钦佩，执著不懈的毅力值得我们学习。当被问及终点在哪时，他豪情万丈地说："每一次远征的终点，都是下一次的起点。"

学生记者：黄语嫣

一路成长一路歌

【基本信息】

崔梦倩，汉族，中共党员，山东省烟台市人，2011年入学，就读于国际关系学院主修外交学专业，辅修法学专业。在校期间曾担任强军协会会长。2011年12月入伍，服役于中国人民解放军空军某部队，先后担任基层话务员、宣传处特约报道员，个人荣立三等功一次，荣获"优秀士兵"荣誉称号一次，荣获北京军区空军新闻宣传工作优秀奖、北京市海淀区优秀大学生士兵等。现保送到国际关系学院外交学专业攻读研究生。

【正文】

2011 年 12 月，踏入大学校园仅仅两个多月的崔梦倩，除了一个铁哥们，没有告知任何人，独自一人踏上了前往石家庄的火车，去向军营。当谈及为何刚刚于千军万马中挤过高考的独木桥，就匆匆放弃曼妙的大学生活、投身军营时，她说："我想，大抵是因为成长。"不论是在离开校园来到军营的两年半，还是在离开军营回到人大的三年半，她都真实地触摸到了自己的成长。

军营：一轮义无反顾的壮游。

那一年，新兵连的冬天很冷，崔梦倩的耳朵和手上长满了冻疮，一碰就是钻心的疼。心中思念着家人，现实却充斥着训练、内务、体能、卫生、时不时吹响的紧急集合。就在这样的冬天里，她病倒了。副连长来看她的时候，她正一个人偷偷抹眼泪，副连长无奈："丫头啊，你说好好的大学你不读，来当这兵干吗呀？你是有读书的脑子，可咱当兵的都是粗人，要能吃苦受委屈，能扑下身子干活儿的。"委婉含蓄，却一针见血——崔梦倩猛然意识到，自己代表的不再仅仅是个体，而是站在她身后的中国人民大学、是整个大学生士兵群体。于是，她放下伤感和脆弱——那些女孩子常见的情绪，积极配合医生治疗，终于在新训结束之前回到了训练场。

重返训练场的她，依旧是体能最差的那个，依旧对训练充满恐惧，但是她

不肯服输,"忘记了多少次两眼一黑晕倒在跑道上,忘记了多少次跛着肿痛的双脚颠到终点,忘记了多少次趁着别人午休自己偷偷在楼道里加练。偶尔看看镜子里的自己,被汗水打湿的头发和浸湿的衣衫'相互辉映',一时间竟记不起自己一身红装的模样了。"崔梦倩感慨道,"也就是那三个月,我才真正体会到,青春就是要不辞劳苦地去成长。"

2012年3月1日,崔梦倩开始接触通信业务,一个难题摆在她面前——她要流利背出千余个电话号码。为了早日踏上工作岗位,不服输的崔梦倩发挥了大学生士兵学习能力强这一优势,归纳并尝试了各种小办法:每天晚上打着小手电在被窝里念念有词,偶尔因此被班长赶出寝室,她就一个人站在洗手间一边打着寒战一边默念号码。甚至每次看到车牌号时,都要下意识反应一下对应的号码。功夫不负有心人,她终于拥有了自己的工号,在三尺机台上有了自己的位置。"认准了就去做。站在成长后抵达的山峰上来俯瞰自己曾经斤斤计较的苦痛、挣扎,它们都那么渺小。"这种精神一路伴着崔梦倩,当她选择成为一名新闻报道员之后,就不停地跑采访、赶稿子,有时冥思苦想、辗转反侧,有时灵光乍现、挑灯夜战,每天都只有不超过五个小时的睡眠——正是这般坚持让她荣获了北京军区空军新闻宣传工作优秀奖。

校园:一次久别重逢的回归。

2013年11月25日,伴随着车窗外整齐有力的举手礼,她搭着北上的火车离开站台。两年里的七百多个日日夜夜都在崔梦倩的回忆里沉淀,"从新兵连时的体能三公里不及格、到下连时有自己的工作,到成为老兵去带新兵,到最后脱下那身军装、踏上火车离开,在这一气呵成的两年中,很多成长都是不知不觉的。我去当兵之前,性格有些张扬,也有一些任性,这两年的时光让我变得更坚韧,内心变得更加强大。我重新认识了自己。"这些成长融入崔梦倩的骨子里,在最后一刻,全部涌现。

崔梦倩对学校给予的帮助满怀感激。她忆及在部队时,每当遇到困苦挫折,都会想起老师临别时的鼓励:"好好干,有困难找学院。""白天你要忘记你是

'人大人'，晚上你要记得你是'人大人'。"与人大的阔别重逢，让崔梦倩对于这个故乡般的家园更加珍惜与深爱，让她对未来丰盈的生活充满向往和期待。

久居部队、初回校园的崔梦倩本应有明显的学习断层和或多或少的生活不习惯，但在她服役期间，学院领导和老师们都与她保持着定期联系，邮寄教材等学习资料，在部队与校园之间，仿佛有一条奇妙的纽带——很大程度上降低了她退伍返校的陌生感。

重新适应了大学生活的崔梦倩并不止步于此，因为她知道还有很多的大学生战友面临着与她类似的困扰，却未必有如她一样的运气。因此，她申请了"退伍大学生再适应模式探索"大学生创新实验计划项目，针对退伍大学生返校后难以融入校园生活的问题进行研究，希望从退伍大学生自身心理建设方面为他们对校园生活的再适应提供借鉴。在课题申请与研究过程中，学院老师一直作为她坚强的后盾，为她提供理论和实践层面的悉心指导，使她取得了十足的进步。

未来：一场整装待发的远行。

适应了校园学习的崔梦倩从这里开始了自己的新生活。"2014 年 2 月 19 日，我开始带国防生训练。一开始，我特别想要用部队的训练方法去改变他们，但是国防生和士兵是两个完全不同的群体，国防生需要的是一种更倾向于情感上的、精神上的指导，在这个倾听的过程中，我们双方都在成长——或许这样说更贴切：我带他们的那段时间里，他们给了我很多成长的灵感。比如，在实习过程中他们遇到困难向我倾诉，我油然而生地心疼他们时，他们会反过来安慰我说：'姐，这是我的人生。'那一瞬间，我仿佛体会到了我父母面对长大了的我的心情。"

谈到对大学生入伍的看法，崔梦倩说："成长比成功更重要。首先要对当兵有一个明确的认识，知道它是什么、知道为什么选择它以及如何去做好；其次，要喜欢当兵这件事，不要因为保研、落户等政策而勉强自己；最后，如果你不喜欢军营、不想入伍，那就好好珍惜大学生活吧，珍惜人大这个广阔的平

台、这个像家一般的存在。"

崔梦倩从没说过"当兵后悔两年，不当兵后悔一辈子"这样笃定的话，可她知道，伴随着成长过程中这次选择而来的，是勇气、是坚定，是脚踏实地、是不畏艰险，是永远忠于祖国和人民的宣誓，也是对"实事求是"最生动的践行。二十出头的年纪上，一层一层蜕变的不只是她的青春年华，还有她对未来的万千期待。从此漫长的路途中，哪怕山高水长、变幻莫测，她也可以"气定神闲去遇见更好的自己"。

学生记者：杨路

只以坚持，乘风破浪

【基本信息】

李屹邦，汉族，辽宁鞍山人，1992 年生，商学院市场营销专业 2011 级本科生，在校期间曾为我校校篮球队主力球员（大前锋），现为我校强军协会副会长。于 2014 年 9 月—2016 年 9 月作为大学生士兵参军，服役于解放军战略支援部队某部，任军综网信息管理员，负责维护单位网站，撰写部队新闻稿件等工作；参与全军财务大清查，接待中央军委主要首长视察，战略支援部队篮球赛等大项任务。

【正文】

李屹邦用"坚持"两个字来概括自己的大学生活。从篮球队里的坚持到军队中的坚持，抗拒外来困难的坚守贯穿他的生活。

因为热爱，所以坚持。

篮球队是李屹邦人大生活中不可缺少的部分。以篮球特招生身份来到人大的李屹邦，高中时一直是篮球队的主力，大一大二却成了替补，脱离了原来熟悉的环境，新教练、新队友、新的球队风格和战术体系都需要他慢慢适应。作为新生，除了技术和体能上的差距，他在球场上比赛意识也不足，竞技体育是残酷的，年龄相差一岁就会有很大的差距，在这种环境下，李屹邦也曾不自信过。但同时，竞技体育也很公平，讲究用实力说话。他知道主力替补之间互相轮换是很正常的事，关键是要好好训练。"篮球和学习一样，都需要用心钻研，如果自己放弃了，那就谁也拯救不了了。"他一直坚持到最后，不管是替补还是主力，只要身为球队的一员，他都随时做好准备去发挥自己最大的作用。

李屹邦在篮球队的进步少不了柳青教练的帮助。教练对所有队员都一视同仁，尽最大的努力帮助队员提高自己，从不区别对待。李屹邦也没有辜负教练的帮助和期待，入学以来一直刻苦训练，严格要求自己，身体不行就每天在健身房给自己加量锻炼，投篮不准就每天提前半个小时去练习，战术意识不强就经常看视频来研究和学习，他不断努力提高自己来转变角色，找回自信。

篮球队的训练繁重，也特别容易受伤，但即使崴脚骨折，他也都是快速恢复、归队训练。有时学习不得不向训练让步，寒暑假的时间也比其他同学来得短，当身边人忙着规划春假旅行时，自己却还要训练，面对种种艰苦，对篮球的热爱依然支撑着他。他从未想过放弃。

因为责任，所以坚持。

大三时，李屹邦迎来大学生活另一个重要阶段。2014 年 9 月至 2016 年 9 月，李屹邦成为一名光荣的大学生士兵，服役于解放军战略支援部队某部。相比起基于兴趣和集体荣誉感的对篮球的坚持，在军队中的坚持，不仅是对自己

的历练，更是一种责任和使命感，身在军队，才更加深切体会到国家兴亡匹夫有责的含义。

李屹邦的姥姥、姥爷都投身军队事业，从小的耳濡目染种下了他想参军去保家卫国的愿望，他从一开始就志向坚定，大一就着手准备参军事宜。他重视提前感受军营的机会，在大一暑假的军训中努力体验并向教官请教；大三时他修完了所有课程，避免因为参军导致学习的断层等后续问题；最重要的是心理准备，当兵必然不会轻松，决定在校期间参军之后，他做了充分的心理准备，也和导师进行了沟通，得到了多方面的宝贵指导。

军队的训练中，最苦的是刚入伍三个月的新兵连训练，期间基本上没有一天可以完整休息，每天都安排得紧凑，总训练量比篮球队大得多。

除了训练的艰苦，还有一点是要适应军队的管理制度，贯彻"服从命令为天职"的思想。对大学生来说，这种思想转变的难度更甚于身体上的训练。李屹邦觉得这也是一种必要的历练，在这种时候，人大人这一身份更为珍贵。既要坚定地服从指挥，亦不能随波逐流，要坚守人大带给自己的独立精神和原则。

因为信仰，所以坚持。

从军队回归校园，有了对比，李屹邦更感到人大是一个理想的成长环境。在人大，身边汇集了全国各地的优秀同学，他感到每个人身上都有值得学习的过人之处。在软件设施方面，学校有各类课程和全国最优秀的老师指导，这让他更沉下心来学习，不断进步，逐步完善自己。人大的环境是包容又开放的，每个有着不同三观的人都能够有其存在的方式。见识过人大人多样的人生选择，他也更加包容，遇到事情更懂得辩证地看待。

一所大学所能给予学生最宝贵的，是伴随终身的精神。对人大的校训"实事求是"，李屹邦理解为不盲从，独立而务实，坚持正确的目标和正确的方式。对于他来说，更简单直接的感受就是，大部分人大的学生作风都很踏实低调，认真而实干，但同时，学校校风却比想象中激进和开放，很多同学对于学校和社会有着自己独特且理性的看法。很多老师不吝啬于讲解事物的两面性，师生们都善于多角度思考问题并且激发其他人思考问题的角度，这也成为了李屹邦在人大求学生涯中最大的收获。

入伍的经历让李屹邦更加珍惜这种平等自由的校园环境，也使他更理解了人大精神。退伍不褪色，军队中的好习惯与校园里的好氛围相融合，让他能更好地成长和进步。他推崇"行为精英，心为平民"，强调低调务实，不脱离实际，不脱离基层，不脱离社会，不断锻炼和提高个人能力，不管什么岗位都沉下心来，努力做事，为学校、国家做出自己的贡献。

毕业在即，即将告别校园生活，而李屹邦回顾起来人大的第一天，仍记忆犹新。当时李屹邦作为篮球队队员在暑假就到校训练了，在训练之余他总是慢慢游览校园，熟悉这里的人、事和景。转眼间大学生活已经到了尾声，最后一天，他只想再吃一顿食堂的饭菜，再去一次东区澡堂洗澡，再走遍校园里熟悉的角落，向各位师长拜谢、告别。

对于未来，认真负责、扎实地做好工作，虚心学习，这是李屹邦给自己规划的精神状态，他希望自己不辜负老师的期望和单位领导的爱护，做到对学校、对公司、对自己都负责，更希望自己在几年后能够再次回到这一方校园之中，再次坚持，勇敢决定自己的人生。

学生记者：游小蝶

探索，向着未知的明天

【基本信息】

梁家彦，汉族，共青团员，香港人，劳动人事学院人力资源管理专业2013级本科生，在校期间曾担任香港文化发展协会会长，2014—2016年连续三年获中国人民大学港澳学生奖学金三等奖，2015年中国人民大学大学生创新实验计划国家级立项。本科毕业将进入香港科技大学商学院攻读全球运

营管理硕士学位。

【正文】

对于来自香港的梁家彦来说，大学生活就是不断地探索。探索未知的北国风情，探索家乡文化的传播之道，在其中体会母校的人文精神。

北国风情，未曾感受的气质。

来到人大的第一天，梁家彦对一切都感到新奇。四年过去了，梁家彦还清楚地记得第一次体验澡堂的感觉，当时他还激动地发了朋友圈，这后来成了他常被朋友们调侃的趣事，说他是"去个澡堂还要发朋友圈"的人。

这些从未体验过的新奇事物让梁家彦第一时间直观地感受到了南北方的差异。香港与北京的生活方式有着很大的区别，初来乍到的他要适应在大澡堂洗澡、晚上十一点断电的集体生活，但他自己却并没有把这种生活方式上的不同当作很大的困难，"我觉得不同文化当然就有不同的体验，有这个机会当然要好好地去体验一番，反正四年的时间，总会适应的"。

言谈之间，梁家彦身上透出对世界充满兴趣的探索精神，这也是梁家彦放弃香港大学的面试，一心想到北方来闯一闯的原因。香港学生能来内地上大学的并不多，梁家彦觉得，如果能够迈出这一步，将大大地开拓自己的视野和交际圈。他抱着探索的热情来到北京，而北京也用最美好的姿态丰富着他探索的旅程。

闲暇时，梁家彦常在北京古韵犹存的胡同里走走逛逛，五道营胡同、烟袋斜街、钱粮胡同……他享受着这座城市扑面而来的历史文化气息，这是在香港逛商场逛超市所无法感受到的。

他也喜欢北京包容大气的气质。在这里，他能做到很多自己想做的事而不会被人待以异样眼光，能认识到来自五湖四海的朋友，"北京就是一个文化的聚集点，是包括港澳台的全国人民的一个聚集点"。这个城市里容纳着这样多元的文化，梁家彦为此着迷。

故园文化，割舍不断的情怀。

在接受北京文化熏陶的同时，他也致力于传播家乡的文化。他参加了学校的香港文化发展联会，后来更成为联会会长。从联会还没有完全成型到今天，可以说，他是和这个社团一起探索着成长起来的。

香港文化发展联会主要做两方面的工作：一是针对在校香港学生，提供学习和生活上的帮助，二是筹办有关香港文化的活动。

在对在校香港学生的帮助上，学校给了很大的支持。香港的中学对数学要求不高，数学基础薄弱的香港同学都感到学习吃力。在港澳台办公室的帮助下，联会为港澳台学生开办了专门的数学辅导班，解决了同学们的一大难题。此外，学校还有港澳台学生领导力提升计划，组织港澳台的同学们去全国各地参观学习。梁家彦对此心怀感激，尤其感谢港澳台办的肖丹老师和杨梅老师的热心支持。

梁家彦自己印象最深的，是和法学院的法律职业发展协会合作筹办的校友讲座。在这之前，联会没有自己的独立项目，一直都只是在 IDEA 主办的国际文化节中做一些协助工作。2015 年 11 月，联会邀请到当时人大香港校友会的名誉会长徐晶回到母校，和同学们分享她在人大的求学经历。徐晶女士人在香

港，工作忙碌，而且由于各种困难，联会也没法帮她报销机票，期间徐晶女士还生病休息了一段时间……种种曲折之下，梁家彦还是通过"死缠烂打"的诚意打动了徐晶女士，最终确定了她北上的行程。但那段时间联会还筹办着万圣节派对，留给他们准备讲座的时间只有七天左右，梁家彦和他的伙伴们必须争分夺秒。"我们社团从来没有做过这样的讲座，对我来讲，对我们社团来讲，都是非常新鲜的。"尽管忙碌又紧迫，梁家彦还是享受这种探索新鲜事物的过程。

梁家彦为这个传播故园文化的社团付出了大量心血。曾在蒙特利尔大学暑期学校学习交流的经历让他对出国交换充满了向往，学校也提供了丰富的交流交换机会，但一方面由于课程原因，另一方面，他感到身为会长要对社团负责，最终还是放弃了出国交换的机会。这是他大学里的一个遗憾，但他并不后悔，"我觉得既然都走过来了，那就承认吧，不会去后悔"。

人大精神，有容乃大的广博。

问及人大精神，梁家彦说，人大和北京一样，给他带来的是一种包容的力量。虽然校园面积不大，校园文化却很博大。国际文化节是为数不多能在明德广场举办的社团活动，不久前学校还开通了港澳台交流的公众号，这一切让梁家彦感受到学校在国际文化交流和港澳台交流方面的努力和用心、对各种文化的包容。

来到人大后，他觉得自己最大的变化就是对事物多了一点包容，更敢于去尝试新事物了。最浅显的例子是吃饭，来人大前，他从来不会去尝试麻辣的东西，到人大后，他开始尝试更多元化的食物。更深一层来说，他走出了以前香港的封闭排外的思维。在香港，除广东外其他省份的同学非常少，更多的都是香港本地同学之间的相处，很多香港学生对内地了解有限，视野局限于香港的发展，有一些香港学生连普通话都不太会说。而在人大，同学们都是来自五湖四海，只跟广东人、香港人打交道而不跟其他省份的同学交流是不可能的。在这里他开始和更多人沟通，了解他们家乡的文化，也向其他同学宣扬自己家乡的文化，他也希望能够为香港和内地之间的沟通做出自己的贡献。

展望未来，梁家彦有他自己的想法。今年是香港回归 20 周年，而直至现在，香港学生毕业留在内地工作的还是少数，相关政策还需完善。他计划先回到香港，从事与内地有交集的工作，积极推动两地沟通，有机会再回到内地。

这学期以来，梁家彦和朋友们都很忙碌，现在终于尘埃落定，他想珍惜最后的时间，和好朋友一起完成一直以来的心愿。他正计划和朋友一起到日本，去赴他们的毕业之旅。

梁家彦的探索不会在这里结束，从大学的探索中毕业，而一个更大的世界，正在等待着这个勇于探索也懂得坚持的年轻人。

学生记者：郑璇真

付鑫玉："职"为设计人生

关键词：方向

【基本信息】

付鑫玉，劳动人事学院 2013 级人力资源管理系专业本科生，学生职业生涯引领计划（LEAD 计划）一期学员，曾任中国人民大学学生职业发展俱乐部主席，清华大学学生职业发展协会学生讲师团高级讲师；大一开始实习，曾在自动驾驶创业公司魔门塔、亚马逊、团市委青年宫、世界五百强猎头公司任仕达等公司实习；多篇中英文第一作者文章被国际知名期刊和会议收录，劳动人事学院 2016 年学术之星，今年毕业获得匹兹堡大学人机交互直博录取（全球招生仅三人）。

【正文】

从人力资源管理系的学生，到作为一名讲师向同龄人传授自我认知、求职技巧；从大一就开始实习，尝试四家公司，四个不同的岗位，至毕业时已经累计拥有近两年的实习经验。付鑫玉说，自己对于职业发展的追求，对自己职业

的规划，缘起于大一时申请加入的"LEAD 计划"，得益于四年来在学生职业发展俱乐部的学生工作。

"早起的鸟儿有虫吃"：职业意识启蒙。

"LEAD 计划"是学校学生就业创业指导中心发起的一项学生职业生涯引领计划，邀请事业有成的校友担任在校生的职业导师，达到启发在校生提早开展职业规划的目的。付鑫玉与学生职业发展服务的缘分就是从"LEAD 计划"开始的。

付鑫玉是"LEAD 计划"的第一期学员，当时的她才大一。谈到当时想要加入这个计划，她说，这可能是得益于自己的专业。因为她的专业是人力资源管理，上课时讨论的话题大多贴近职场，尤其是招聘和职业发展规划这些内容。"'LEAD 计划'真是一个很好的平台，让我们这些在校学生有机会能够接触已经在职场里有所成就的校友们，让那些颇有成就的师兄师姐担任自己的职业发展导师，这是非常难得的。当时的我是组里唯一一个大一的，跟研一、研二的师兄师姐比起来，就是一个小朋友。但是我觉得和比自己年长的人交朋友，会有很多收获。事实证明，我也确实从他们的想法、经历中学到了很多。"

付鑫玉当时"LEAD 计划"的导师是衡虹老师，"老师的公益心非常强，她把指导青年人，与他们分享人生的经验当成一种乐趣，这种公益心也深深影响了我。老师也经常告诉我们，'LEAD 计划'能够支持的学员毕竟有限，我们在计划里收获的成长，也应该积极和别人分享。""老师还经常约我们聊天吃饭，如果有想要实习的同学，老师也会积极帮忙，看能不能帮助对接一些合适的资源。还有学生就业创业指导中心也组织了很多的团队建设活动，比如去颐和园素质拓展，组织读书会之类的活动，大家常常能够聚在一起交流，让我觉得获得了特别的成长关注。"另外，由于衡虹老师在清华大学一个类似"LEAD 计划"的学生培养计划中也担任导师，所以人大和清华的两支团队在这样的机缘下"会师"了，这也给了付鑫玉认识到很多清华的同学的机会，这其中就包括清华职业发展协会一些骨干成员，在与他们的交流中，付鑫玉对职业发展的学生工作产生了浓厚的兴趣。

"饮其流水思其源"：服务学生职业发展。

受"LEAD 计划"影响，付鑫玉被学生职业发展活动深深地吸引了。"我当时看到中心学校新成立了一个学生职业发展俱乐部，是学生就业创业指导中心指导的官方学生社团，创始人又是劳人的直系师兄，所以我就报名参加了。"当时因为在兄弟高校和职场的人脉较广，认识一些清华和 HR 界的朋友，付鑫玉和另外一个师姐共同担任外联部的负责人。

"当时我主要负责协会与业界的联系。除了常见的拉赞助形式以外，我们会请来企业的 HR 为我们的模拟面试活动担任嘉宾，为学生带来真实的求职面试体验。这对企业来说是一个宣传自己、发现人才的机会，对于同学们来说，也是非常宝贵的学习机会。"我还清晰地记得自己组织的第一个活动，当时我们邀请一位著名的世界五百强的猎头公司 HR 人力资源工作人员给学生进行模拟面试活动，报名通知一发出，20 个名额瞬间就被抢光了。看到自己组织的活动受到别人的认可，我感到非常兴奋。"

想到俱乐部刚成立的时候只有十几个人，到如今发展成一个大型的校级组织，付鑫玉十分感慨。"非常感谢就业中心老师们的帮助"，付鑫玉说，当时有很多想法，虽然有新意，但是不成熟，如果没有学校的支持，很多点子可能就流产了。提到职业发展俱乐部这一组织的未来发展时，付鑫玉说，"我相信这

个组织一定会越来越好，因为学生组织的使命就是服务同学，我们的组织有自己的定位，只要坚持好，勤动脑，一定能让越来越多的同学受益的。"

"职梯"有路勤为径：设计自己的职业生涯。

付鑫玉在校时一直致力于学生的职业发展工作，当问到付鑫玉自己的职业发展规划时，她表示"这是一个挺神奇的过程。"我们之前了解到，付鑫玉要到美国匹兹堡大学攻读人机交互的博士学位，这个专业和人工智能结合得非常紧密。但付鑫玉却说，"其实在职业发展俱乐部工作的经历，跟我做出这个决定有很大关系。"

出国深造一直以来是付鑫玉的打算，今年申请，她拿到了很多知名大学的offer，给了她从一万美元到全奖的奖学金。然而她最终决定到匹兹堡大学攻读博士学位，她说："我觉得这个项目非常适合我。我自己最感兴趣的事情，是在未来人工智能时代，人的工作会发生什么变化。举一个简单的例子，在未来，你的同事是个机器人，你们在同一个团队里，要如何相处？这些问题都是非常有趣的，而且因为机器人的出现，很多人的职业发展路径，都会随着发生改变。"

回顾在人大这四年，从大一时作为"LEAD 计划"学员，作为学校学生职业教育的"受益人"，再到此类活动的组织者，帮助更多的人大学子认识自己、发展自己，最后还将兴趣变成了专业，逐步明确了自己的职业发展、研究兴趣，付鑫玉的一路成长，不由得让人感慨人生成长的奇妙。"很多事情你觉得自己做的毫无联系，但其实它们就好像是一个个散落的珍珠，总有一天你会知道，其实是有一根隐线把这些珍珠串在一起的。对我而言，这根线就是对职业发展的浓厚兴趣吧。不论你自己做的是什么，勤奋，认真去做，总有一天会发现，这件事出现在你的生命里，自有它的意义。"

付鑫玉说，学校为我们提供了非常丰富的资源，就职业发展而言，学校的就业创业指导中心为同学们提供了非常棒的就业指导服务，对同学们来说，这里是一个能够让你寻到海量资源的"宝库"，如果对帮助别人发现自己、了解自己感兴趣的同学，学生职业发展俱乐部又是一个能够让我们更好发挥的舞台。祝愿付鑫玉在博士生涯的学习和工作中一切顺利，也祝愿更多的同学们能够找到人生值得坚持的方向！

学生记者：邓海滢

心怀感恩之心，脚踏实地前行

【基本信息】

郭英森，汉族，中共党员，河南省项城市人。2014 年入学，于文学院语言学及应用语言学专业攻读硕士研究生。在人大读研期间，荣获一等奖学金、二等奖学金、三等奖学金各一次，2016 年被评为优秀研究生；担任专业联系人，多次组织学术报告、论文答辩和学院活动；担任班级组织委员；在科研方面，他的两篇论文在正式期刊发表。

【正文】

热情、谦和，这些是大家对郭英森为人的认知。人大三年的学生生涯，郭英森除了载满荣誉的行囊，更收获了一颗成熟的心——这些也帮助他在毕业之际做出一个重大的选择，成为一名远赴新疆的光荣选调生。

一路走来，心怀感恩。

"我从来都觉得我是一个幸运的人，因为在我的身边总有那些真诚帮助我的人，而我的成长故事就是在他们的帮助下变成一个更好的自己。"说起十年前的自己，"叛逆"这个词从郭英森的嘴里脱口而出，"逃课、打架与父母顶撞……那也是一段'激情燃烧的岁月'"。正是父母的包容和关爱把他即将驶向歧路的人生车头拉入了正轨。"无论我做了多么出格的事情，父母都是无声地包容我，给我家庭的温暖，特别是我的父亲，他向我展现了一个男人应有的担当，我想这是我人生一切力量的源泉。"现在，父亲是他生活中最好的朋友，无论他的成功还是不快，他都第一时间与父亲分享。

　　回归后的郭英森面对的也并不是一条坦途。回忆起从前的生活，郭英森感慨良多。人民大学一直是他梦想的学校，但曾经在高中稳坐了三年"学霸"宝座的郭英森却在高考中失利了，不得不选择了一所名不见经传的大学。梦想与现实之间的落差可想而知。

　　生活的波折曾给了他磨难，也给了他不一样的风景。幸运的是，郭英森又在大学校园里遇到了三个志同道合的朋友，他们也和他一样，不甘于高考的失利，不甘于从此的沉寂，他们决心一起携手再出发。大一时，当其他的孩子都还满足于刚刚跳脱出父母的约束，尽情呼吸着大学里自由的空气的时候，他们一行四人就早早开始准备三年后的研究生考试，而这时，人民大学又成为他人生新航向的重点。他们四个人整日一起在图书馆里自习；为了自我加压，不虚度时光，他们都选修了第二学位；当生活中遇到动摇或者困惑的时候，他们也总是互相鼓励。郭英森笑称，自己的本科生活与高中无异。也许是命运总希望考验孩子的耐心，第一年他并没有考入心仪的大学。看着昔日一起战斗的兄弟考上了各自理想中的大学，郭英森心中的感觉很复杂。但是这群朋友并没有留他一个人去奋斗，他们仍然时时刻刻关注着他的情况，并给予他真诚的帮助：搜集各类考研信息和政策，从人大校内的考研租房到文学院的导师联系……兄弟们的鼎力支持帮助他度过最难熬的时光。看到人大研究生录取通知书的那天，郭英森哭了——这泪水不仅是八年梦想实现后的欣喜，还有对不离不弃、同甘共苦的兄弟们的感激。

　　遨游学海，回馈社会。

　　郭英森非常珍惜人民大学的学术平台，积极地汲取一切能够接触到的知识。脚踏实地地努力，在学术、科研、实习方面都取得了不俗的成绩：学习成绩始终排在专业的前列；作为专业联系人，他多次组织学术报告、论文答辩和学院活动，这些工作除了为郭英森积累了丰富的工作经验和良好的人际关系，更让他在一次次观点的碰撞、学术的争锋中培养起对学术研究的浓厚兴趣。这种兴趣驱使他从一个组织者变成了一个身体力行的参与者，只要没有课，郭英森就泡在图书馆研究语言学方面的书籍，两篇核心期刊的论文发表是对他长久以来脚踏实地做研究的最好回馈。

光芒的背后，除了郭英森的勤勤恳恳，还有导师们的默默付出。在郭英森刚入学时，由于本科阶段的差距，他的语言学基础较为薄弱，屋漏偏逢连夜雨，他的导师恰好在国外出差。学院的吴永焕老师本着"师者，所以传道授业解惑也"的情怀，无私地帮助他补习语言学基础课程，连续几周，每晚都到十一二点。正是吴老师的耐心辅导，郭英森补齐了这块短板，并进一步深入研究。而在这个过程中，老师更是积极指导，促使郭英森的论文不断完善，达到了质的飞跃。如今，郭英森即将离开这方校园，但是他永远不会忘记那些在背后默默付出、不求回报的师长们，他将带着这份感恩在人生的道路上更加坚定地前行。

不改初心，远赴新疆。

如果说滴水之恩当涌泉相报，那么郭英森决心将长期以来从别人那里获得的真诚帮助转变成为更多的人奉献的原动力。因此，当他得知新疆从学校引进学生时，他毫不犹豫地报了名。在高考结束后他曾去过新疆，那里善良的人们和他们的居住环境以及学生教育资源都给他留下了深刻的印象。"我们能做的太多了！"那次接触给他一种油然而生的使命感，总想着为那里的人做点事。因为了解，他更想去改变。除此之外，"一带一路"正迅速发展，未来的新疆或许会成为新一轮改革开放的窗口，成为30年后的"深圳"，他的这一选择实际上是对机遇的敏锐把握。与其说赴任新疆是知识青年下基层的奉献之举，倒不如说这是郭英森怀着一颗感恩生活、热爱生活的心，怀着一种积极的心态，去经营自己的生活，把握好每一次机会。

身在校园，他是一个安静的"学霸"；踏入社会，他脚踏实地，扎根基层，为了情怀远赴新疆；即使前路看似艰辛，心怀感恩让他始终拥有温暖的力量。"为官一任，造福一方"是他不改的初心，他的笑容温暖且灿烂。

学生记者：张文静

悦纳自己，奉献基层

【基本信息】

索中正，汉族，共青团员，山西省大同市人，2013 年入学，就读于中国人民大学哲学院。在校期间曾担任哲学院分团委副书记，青年人大社宣传部副部长等职务，本科毕业后将作为选调生赴西藏工作。

【正文】

索中正用"成熟"一词来概括自己的大学生活。大学对于他，是一个成长成熟的场所：从内向不善言辞的普通学生到学生工作的骨干，从满腔不切实际的理想到重新建构起个人成长的意义和对社会责任的认知，悦纳自己，最后成熟地选择自己的人生道路。

索中正成长于山西依靠矿业经济飞腾的年代，见过最好的生活，也见过最次的生存。目睹了这一时代，索中正开始担忧起未来——世界究竟怎样，人生又应当如何。在偶然接触到王阳明的思想后，索中正猛然发现，哲学或许可以解决他的困扰，通透哲学的人可以行得如王阳明那样潇洒自如。于是他经过了高中三年的努力学习，考上了人民大学——对他而言最为理想的大学。

做一棵懂得思考的苇草。

作为一名哲学系的学生，索中正时常忍不住想："我要以一个什么样的姿态存在这个世界上？"

"在大学的第一堂课上，老师对我们说：'学生应当博览群书，学哲学更需要涉猎方方面面的知识，如果你们对我的课程已经掌握的不错，我不介意你们利用我的课堂时间看一些其他的书籍，我们欢迎各种各样的思想，尤其是批判的思想。'那堂课为我带来了大学生活的第一束光亮，不只是引导我走进了哲学，更是让我明白自己是进入到了一个思想自由的圣地。"索中正回忆起自己大学的第一堂课。从那时起，他开始了在哲学海洋的徜徉。

"我所理解到的哲学是一门奇妙的学问，她可以说与生活中的实际问题很少联系，但却可以从根本上提高思维能力，进而渗透到生活乃至细枝末节，影响人的一生。虽然我学习的哲学的程度极为粗浅，被很多低级的问题困扰着，难以让自己的生活游刃有余，但四年的学习也给我带来了极大的成长与改变。"索中正最能体会到的是自己思维方式的进步，他说，在学习哲学前，他总为各种各样的不合理所困扰，倾向于分出对错然后站在自己认为正确的角度去批判错误的一面，甚至站在智商或道德的高地上，妄图消灭所有的"不合理"，让事情按照自己所希望的轨迹运行。于是他经常陷入牛角尖或片面的困境中，而哲学则教会他去理解，去寻找问题的本质，因为所有的不合理都有其合理的内在主导，须得辩证地看待问题。这让他的思维在很多之前走不通的情况下豁然开朗。

岁月铸就了他身体的健壮，学习成就了他知识的增长，而哲学带来了他思维的成熟。"人大对我思维的改变不仅来自哲学，也来自学校里先进而自由的思想氛围。"

做一滴融入大海的水珠。

索中正自小是个内向不善交际的人，这种性格亦随着年龄的增长根深蒂固。进入人大，各式各样的社团让索中正眼花缭乱，但他自认没什么基础，也就没向任何组织靠拢，好在他较为踏实的性格可以算作一个长处。"这个优点被哲学院的老师和师兄发掘，让我在学生工作中有发挥自己所长和锻炼自身能力的机会。在老师和师兄的培养与帮助下，经过三年学生工作的历练，我虽不能算得上优秀，但至少工作的能力有了不少提高，生活中也不再沉溺于小圈子，开始学习去接触、组织一些社会活动。这对于我来说一个可喜的变化。"

而除了学生工作，索中正也培养了自己的爱好——他特别感谢学院的两位师兄，一位教他摄影，让他得以在镜头下的大好河山中陶冶情操；一位带他辩论，促使他在辩论赛的唇枪舌剑中深入思考。索中正的日常生活变得充实而有趣。

走出狭小的个人生活圈，索中正在人大实现了蜕变，发现了自己从前未曾发现的精彩。作为一个最终要游向社会海洋的水滴，他在学生工作中发现了自己的其他特长，锻炼了工作能力，也认识了更多可爱的人。在单调乏味的生活中，摄影给予他美的视角，给予他思考这个世界的另外一种方式。在与自己专业相结合的思辨习惯中，他又通过辩论发现了思想的魅力，在这个独特的舞台上锻炼了自己的口才。这一切，都让索中正吸足了水分。一滴水珠在壮大自身的力量，他将以一种充满激情的方式去投入社会的海洋，去为这个社会做出自己的贡献。

"水珠归入大海，终是快乐的。"

做一个奉献社会的人大人。

性格内向的索中正，在上大学之后，发现自己的优势少得可怜，又似乎不是学哲学的那块料，他发现自己的平凡与渺小，不由得陷入了迷茫。"我那时候想，不能兼济天下，只能独善其身，挣点钱平庸地过一辈子或许就是我这个普通人的归宿。"

有一天傍晚，索中正和室友照常在学校里散步消食，突然为"值不值得遵循一个大家都不遵循的准则"起了争执——他认为即使是自己做到了，大多数人没有做到，规则没有完善，也是没有任何意义的。但他室友却固执地认为："即便如此，如果每个人都认真去做，再大的问题也能轻易解决。"

"当时我只想他太过理想主义，八成是活在梦里，但这个我认为幼稚的话却印在了我的脑子里。"索中正慢慢想通了这个问题，既然自己很平凡，倒不如去承认、去原谅自己的平凡，然后做一个平凡人力所能及的事。"我不能造福世界，但可以造福一个人或者一群人，我不能为共产主义出很大的力，但可以在一个区域一个岗位上做出力所能及的贡献。而且小力量的积蓄能够形成更大的力量。"索中正渐渐明晰了自己的理想，他希望通过努力，可以看到更多人的笑脸。

当一个人知道自己的方向，遇到岔路便容易做出抉择。当得知有机会去建设西藏时，索中正毫不犹豫地报名成为一名西藏选调生，他欣喜不已："一方面西藏不同于目前人才济济的东部城市，能够给予我更多的机会去造福一方；一方面也源自我对在西藏工作的憧憬。西藏是个起步不久的地方，不仅事业上大有可为，亦是个磨炼青年的好去处。"

西藏、基层，正是成熟以后的他做出的坚定选择，他要去国家建设的最前线，在最平凡的岗位，实现自己的价值。

索中正，去西藏，一路顺风！

学生记者：桑恬

信仰举过头顶，责任担在肩上

【基本信息】

王文泽，男，中共党员，经济学院 2013 级本科生，担任学校学生党建促进会常务副会长，经济学院学生党员先锋促进会会长，班级党支部组织委员、

团支部副书记、班长等职务，协助学校相关部处及学院开展工作。四年着力于党建，在校、院、班三级学生党建工作中均担任重要职务，所在党支部、团支部、班级集体曾多次获各项荣誉称号。研究课题曾获"大创"国家级立项、创新杯二等奖，曾获北京市优秀毕业生、校级优秀学生党建志愿者、校党校优秀辅导员、校级优秀共青团干部、校级优秀共青团员、优秀学生干部一等奖学金、社会工作与志愿服务类一等奖学金、院级优秀共产党员等荣誉，共计国家级1项，省部级1项，校级8项，院级4项。曾作为代表赴日本开展学术访问。入选"三期骨干计划"，免试攻读硕士研究生。

【正文】

燃起信仰火焰。

关于人大人的特质，毛主席在《为陕北公学成立题词》里曾有"要造就一大批人"的论述。入学时无意遇见的话，至此他一直铭记在心。"这就是对人大人的定位，这也是我们不断追求的一个方向。"王文泽不要求自己有什么样的特质，只是希望，自己成为这"一大批人"中的一分子。

一路走来，身边的老师同学们都在激励他不断前进。他找到了自我归属的那"一大批人"与信仰安放的所在——学生党建，把四年的时光献给了校级、院级、班级的三级学生党建工作。"信仰举过头顶，责任担在肩上"，脚踏实地，收获不断的锤炼和提升。

在他看来，学生党建的使命就是把学生中的优秀分子吸收入党，并通过党的理想信念教育将他们塑造成更为优秀的人，这就要求学生党建工作的参与者必须具有优秀的特质和对党的事业忠诚的品格。王文泽认为学生党建工作具有严肃性和政治性，不能出差错，"学生党建是一份神圣的工作，对责任心和工作态度有很高的要求，个人利益是无法与之画等号的"。

谈到什么是信仰，北宋大儒张载曾说过"为天地立心，为生民立命，为往圣继绝学，为万世开太平"。这句话成为了中国知识分子内心最向往的坚守。王文泽认为，当下的自己对于这样的境界，虽身不能至，但心向往之。因此，他愿意将这份信仰收藏，从经手每一件"小事"做起，直至抵达心中的远方：经手的每一份学生入党材料，他都仔细察看，因为那是一个党员政治生命的开始；每一次的支部活动，他都积极参加，认真准备，因为这是党员政治生活的"大事"……在他看来，作为人大人更应有这份跟党走的初心。"人大的青年学生要有自己的信仰，这是我们的旗帜，是我们的底色，也是我们的身份识别。有底气，才能做好自己想要做好的事情和喜欢的工作。"

挑起责任重担。

王文泽已经将学生党建工作当作一种生活，一种常态。他无时不刻在思考工作中的问题——作为学校党建促进会常务副会长，他在思考如何增强这支队伍的集体凝聚力和战斗力；作为学院先锋促进会会长，他时常思考如何加强学生支部间的联系。王文泽希望通过做学生党建工作，对外发挥自己的"正外部性"，成为传递正能量的阳光，同时，也借此不断提升，鞭策自己不断前行。

在他看来，所谓责任不仅是完成该做的事情，更要把该做的事情做好。在学院学生党建工作中，王文泽总结前辈经验，推出了《先锋求索》学生党建系列专刊。为了让这本学生党建刊物好看易读，他花费了很多的心思，他表示："学生党建工作是具有生命力的，是激励人向上的。同样，学生党建读物不是枯燥乏味的，可以具有严肃性和政治性的同时又生动活泼。"说起党建专刊这

169

个想法的萌发，王文泽觉得，做学生党建工作，若是自己对于党的理论知识、党史党情国情、学生党建工作基本概念都不清楚的话，是很惭愧的。王文泽认为，空谈爱党爱国，没法落在实际行动中。正如张腾霄老书记曾言："没有本领，没有业务，没有'专'光喊'红'和'为人民服务'，都是空的。"通过创新的方式学习领悟革命先辈们的先进事迹，学习原典著作，可以获得实质提升。"人大是马克思主义教学与研究的高地，那么对于学校学生党建促进会来说，我们希望也能做出自己的特色，这是我们的努力方向，但还不敢说现在已经做到了。"

多一些信仰和担当，少一些对个人利益的斤斤计较。拥有自己的理想和兴趣，明晰自己的责任和使命。成为"国民表率、社会栋梁"，不能停留在口头。

多站在对方角度，替服务对象着想。"每个人情况都不一样，每个支部情况也不一样。做学生党建工作，自己本身是一个'服务者'的角色，练好自己本领，才能更好地服务大家。"大学是一个逐渐发现自我，发掘自我信念与支撑的过程。如果有机会重回大一下学期的那个时候，王文泽仍愿做四年的党建工作。"党建使自己收获很大、提升很大，同时收获了许多快乐。自己得到许多锻炼，认识了许多优秀的人。我属于那里，不管有多少次选择的机会，自己仍然会坚定地沿这条路走下去。"

扬起求是船帆。

王文泽作为一名 2013 级经济学院本科生，成功入选中国人民大学第三期学工系统骨干培养计划，毕业后将留校工作。谈及为什么会选择"骨干计划"这条路时，王文泽表示，支持前进的力量源自于信仰，学生党建工作给予他方向，而"骨干计划"则是提供了落实的平台和实践的机会。他认为，"骨干计划"给予同学们在人大工作的机会，可以理论联系实践，"读书，工作然后再读书，会有不一样的心态和理解"。对于人大的培养，他始终心怀感激，希望能将自己所学所思运用到实际工作当中，努力践行"实事求是"的校训，在岗位上勤勉付出，奉献青春。他表示："四年光景，人大教会了我如何做人，亲爱的老师们教授了许多专业知识。未来留校工作的两年，是实践的两年，是应用的两年。常怀感恩之心，踏实做事，希望能为母校工作添砖加瓦。"

四年光影，白驹过隙，王文泽即将进入学校工作岗位，他表示，将在自己的岗位上扎实工作，认真思考，"两年时间宝贵，希望能认真、踏实地做一些事"。

"国民表率，社会栋梁"不仅是口号，更是行动。时值母校八十周年华诞，他说："感谢人大，虽尚未成长为国民表率、社会栋梁，但是会不断以此为目标，高举信仰火炬，持续前进。人大人始终奋进在时代前列，是历史赋予的使命，是国家赋予的担当。高举信仰，肩挑重任，绝不可辜负'人大人'的光荣烙印。"

将信仰举过头顶，坚定理想信念；把责任担在肩上，承担时代使命。由大学生转换为学校工作人员，王文泽将继续在人大成长，开启一段新的征途。

学生记者：谢雨杉

衷情永存心间，奉献牢驻脑海

【基本信息】

屈蕾蕾，汉族，新疆乌鲁木齐人，信息学院信息安全专业2013级本科生，曾担任"红船领航"党员先锋营政治辅导员；信息学院学生会常务副主席；信息学院2013级本科党支部书记；信息学院学生党总支纪律检查委员；校党建促进会监察部部长；校第十四次党代会党员代表。曾于中国亚欧博览会、全球软件开发大会等多项会议上担任志愿者，获得第九届全国大学生信息安全竞赛二等奖、网络安全奖学金。现已保送本专业直博。

【正文】

总有人身处校园，心怀祖国；致力党建，奉献自我；力担责任，负重前行。

171

而屈蕾蕾正是这样的人——她像是一团火，娇小的身躯里蕴藏着饱满的热情，以真心为火把，尽自己的力量将光亮照向身边的人。

情怀，不忘的初心。

屈蕾蕾的简历上记录着她所拥有的丰富多彩的党团学工作经历，"我以全部的热情与热爱投入工作。"她谈到，"这些工作对于我而言不是工作，而是情怀。"屈蕾蕾更多地把学生工作当作休息的方式——信息学院于她而言是一个非常温暖的大家庭，在这个家庭中，她可以和小伙伴一起做很多有意义的事。她的大部分学生工作都是在大三时做的，因为她想发挥自己的一点余力，为学院做一些事情。她回忆起在进行学生工作的过程中，能接触到很多可爱的学弟学妹，有一群好朋友，他们叫她蕾蕾姐，这让她感觉十分亲近。学弟学妹们的逐渐成长和老师的关怀让她对集体有一种发自内心的喜爱和归依，她秉承着为集体做贡献、为同学服务的情怀开展学生工作并坚持至今。

屈蕾蕾感念许多帮助过她的人，比如张国富老师、杜忠朝老师和石文昌老师，这些老师都曾给予她宝贵的建议。张国富老师在屈蕾蕾刚进人大的时候给了她关于党组织工作的最初建议；石文昌老师给了她很多关于专业和工作选择的建议。这些来自老师的帮助，驱散了她心中关于学习和工作的迷茫，更加坚定了她的信心。

党建，奉献的事业。

作为一名刚成年就入党的党员，屈蕾蕾向来用严格的标准要求自己。她会制定每天的计划，按照事情的轻重缓急来安排工作生活；她性格温和，待人宽厚有礼，善于向他人学习。屈蕾蕾坦言，她原本不大善于处理人际关系，与人交往时不是很自信，而她的舍友则是她在这方面的榜样。

屈蕾蕾对自己的工作饱含热情，一直将党支部建设放在心上。大三时，她担任学生党支部书记，在发展党员的过程中，她发现很多党员在入党的时候很积极，但是入党之后就什么事都不想做、不爱参加党支部活动，她不认同这种做法，苦思解决这个问题的方法。她在中国人民大学党建促进会监察部工作期间，意识到了部门成员之间缺乏沟通的问题。通过对部门重新分组，分解各项工作任务，实行组长负责制，既提高了效率，又让部门里面的每一个人都得到了锻炼的机会。屈蕾蕾在满腔激情的驱动下，顺利圆满地完成了一项项党组织工作。

鲁迅曾说："时间就是生命，无端空耗别人的时间，其实无异于谋财害命。"屈蕾蕾是一个特别有时间观念的人，从不迟到，从不拖延。只要是交予她的工作，都能保证按时保质完成。在这个喧嚣的世上，坚持守时已不是一件容易的事——而这正是一个可以体现个人品质的"细枝末节"。与守时相伴而生的另一个特质是认真负责。睡觉之前，屈蕾蕾会在脑海里回想今天还有什么事情没有完成，如果有所拖欠，就会睡不安稳。做党支部书记的时候，她会一项项地按照党总支的任务清单准时完成工作，从无未竟的项目，党总支的老师对于她"负责任"这一优点欣赏有加。

谈及三年的学生工作经历，屈蕾蕾觉得她最突出的贡献是为组织提供了一些新的工作思路。她不喜欢因循守旧，总是积极创造新的工作形式，从不照搬往年的活动策划。在党建促进会工作时，针对当时学生党员参与组织活动普遍存在敷衍了事现象的问题，她倡议抽取 10% 的党支部人员进行基层党支部督查等。屈蕾蕾觉得这种创造力给党组织带来了新的动力，她由衷地期望创新精神

能在组织中延续传承。

责任，前行的动力。

经历了四年的本科生活，屈蕾蕾在不断锻炼、不断完善中成长为一个新的自己，可以应对未来的工作和生活。屈蕾蕾说，自己最大的收获是，在为同学服务的过程中，不仅自己得以成长，还能看到新的同学不断地成长直到足以独当一面，看到更多的同学们在她提供的服务中收益，这使她对党的精神有了更深的领悟。

回忆起刚来人大的时候，她在外婆和姨妈的陪伴下坐了30多个小时的火车到达北京。入学第一天，屈蕾蕾遇见了第一个舍友，并在之后的生活中与她建立了深厚的友谊。如今，本科时期的最后一天就快要到了，她想更多地与朋友们一起度过——她们有的计划出国、有的到外校读研、也有的选择直接就业，而她选择的则是留在本院直博。被问及选择直博的原因，屈蕾蕾坦然地回答说："我觉得现在中国的信息安全仍然受到威胁，我想为中国的安全保障尽自己的一份力量！"

未来五年，屈蕾蕾将在人大继续攻读研究生学位。她打算花更多的时间在科研上面，提高自己的专业水平，同时加深自己对党的认识，成为更优秀的共产党人。

"有一分热，发一分光"，屈蕾蕾认为，人大学子都应富有担当精神，要端正态度，要勇于尝试，要敢于负责，要实事求是。"假如我有一些能力的话，我就有义务把它献给祖国。"屈蕾蕾这样与大家共勉。

学生记者：张婷

手启山林，别有洞天

【基本信息】

徐凯强，男，汉族，山东人，中国人民大学信息学院 2012 级本科生，现任机器人公司 Vincross Inc. COO（首席运营官）。2012 年获得 ACM-ICPC 竞赛亚洲区银牌；2013 年 5 月作为负责人获得国家级大学生创新实验计划立项，获评优秀结项；2013 年至 2014 年初，成为人大信息技术中心微人大项目的技术负责人；2014 年，担任知乎搜索研发工程师；2014 年末至 2015 年末，创办了"职业笔记"创业项目，运营的微信公众号"G. P. A"超过 30 万订阅用户；2015 年末至 2016 年 5 月，"职业笔记"被金融领域垂直招聘平台"职业梦"收购，成为"职业梦"的合伙人兼 CTO；2016 年至今，任机器人公司 Vincross Inc. COO。

【正文】

许多人第一次看到徐凯强的故事，都不禁咋舌，这样丰富的工作经验和个人成就，竟然来自一位即将大学毕业的学生。从国际编程大赛获奖者，到互联网初创公司核心技术人员，再到专注于消费级机器人开发的成熟创业者，他以超出同龄人的思考深度，笃定地走出了一条自己的人生道路。

从初三就开始进入计算机领域钻研，到 2011 年凭借全国信息学奥赛（NOI）的优异成绩获得人大保送资格，再到 2012 年甫入人大就拿下 ACM-ICPC 竞赛亚洲区银牌，徐凯强对计算机领域的研究兴趣开始得比大多数人都早。但是，当拿下 ACM-ICPC 竞赛的奖项后，多数人可能会选择在大学四年继续进行

计算机算法的研究，而他却逐渐将自己的兴趣转移到对软件工程的探索中。他讲到，计算机科学领域的学习与研究都是非常基础的，不管是从事互联网行业还是搞机器人的开发，计算机科学都属于一个奠基的作用，掌握了科学却不一定做得出技术。在学校里，关于"技术"的训练往往有限，而要真正实现互联网和机器人开发（包括人工智能）的实际工作，计算机技术的实现是更加关键的因素。

徐凯强从大一下半年就开始了自己的第一份实习，在互联网公司从事市场总监助理的工作，借此他逐渐发现自己对互联网行业的兴趣。进入大二，他以后端工程师的身份加入"探探 App"的核心技术架构开发项目，更深入地了解了互联网公司从产品到设计到开发再到推广的全过程。到了大三，他被推荐到人大 IT 中心，作为项目负责人带头"微人大"的技术开发，那时的他已经完全拥有了独立开发项目的能力和经验，而更加重要的是，在这中间他的工作状态完成了从"一个人做事"到"带着一群人做事"的转变。

"微人大"项目是徐凯强第一次完全作为一个项目负责人来参与到其中的项目，他自己坦言，在"微人大"的经历使自己向知识管理者的能力要求更近了一步。在"微人大"以前的实习经历，无论是网站制作还是 APP 开发，都更专注于完成被安排的实际任务，而开始接手这个项目后，他学到更多的是考虑到每个人的专长，规划项目的推进全过程，思考如何分工、如何对接。这对未来他成立自己的创业公司，开始更多地涉足管理工作，是重要的连接点。

早在拿到 ACM-ICPC 竞赛的奖项后，徐凯强相当于拿到了轻易进入谷歌、Facebook 这些公司工作的机会，但创业的决定，等于将自己置于全新的可能性面前，也使自己相对地承担更多的风险和机会成本；但与此同时更重要的是心态的转变。他回忆道，不管是在"知乎"开发搜索引擎的经历，还是在"微人大"负责项目，都会有人告诉自己工作目标与工作计划，但"职业笔记"的创业经历让自己有了独立规划发展方向、做出正式决策的体验。相对于在学生时代专注于"解决问题"，创业更重要的能力是学会"提出问题"。用户的痛点是什么，用什么样的产品可以解决这个痛点，又如何用最小成本去检验产品能否满足用户痛点，这些都是只有作为一个创业者才会逼迫自己去思考的开放性问题——而在这一切思考之后，才是具体方案的实施。这个过程对徐凯强的思维方式以及为人处世的方式产生了很多影响与改变。讲到创业，徐凯强谈到，其实很多人似乎都不大愿意去创业，除了考虑到机会成本的问题，因为创业本身是有很大风险的，另外一个重要原因就是很多人因为思维的惰性不愿意自己去思考与想象，觉得墨守成规是最安全也是最便利的方式。其实人对自我的思考是一个很痛苦的事情，学习上的问题能通过书本来解决，但选择的正确性与否，必须依靠自己谨慎地思考。对于成本的预先想象会使很多人望而却步，他们更乐意把思考的主动权交给别人。因为思考的过程是对自我，对过去、现在、未来的一个自我解剖的过程，所以很多人为了逃避思考愿意做任何事，为了能使自己好受一些，会放弃深入的思考，来找个能使自己接受的原因，找一个安全的选择。但徐凯强认为，我们需要这些"自寻烦恼"的思考来达到对自己以及其工作与生活的理性认识，直面这种对自我的鞭笞，挣脱程式思维的枷锁，跳出思维的舒适区，来找到人生的方向与答案。

在人大四年的大学生活的结束，也许对别人来说，意味着学生生涯的结束，步入职场的开始，但对徐凯强来说，却已经是大学四年状态的延续。在人大读书的四年，人大在他不断探索自己发展方向时，给了他充足的时间和自由去进行选择，也给了他更多的安全感和归属感。能以学生的身份来参与关于工作的尝试，给了他低成本试错的机会，这样的学生身份的认同感，也让他多了一点无畏的理想主义心态，可以在面临选择时永远选择最多机会也更多风险的一条路走。但与此同时，目向星辰的他，也在人大学会了脚踏实地。人大人将对做事谦虚谨慎的态度熔铸成的一种内在特质，时刻保持开放的学习心态，踏踏实实做事，徐凯强相信，这是人大带给自己，也是带给每一个从人大走出去的学子的精神财富。

谈到人大的发展历程，徐凯强以人大信息学院的发展历程为缩影谈了他的

认识。人大的信息学院是 1978 年建立的，最早主要是经济信息管理，就是把信息技术应用于经济领域。20 世纪 90 年代由于计算机的兴起，开始发展起了信息技术与信息管理，可以说人大的经济金融的强势与信息技术的发展不无关系。实际上，中国人民大学也是走在宏观经济及政策研究的前沿的。就此层面上，人大其实为国家发展研究做出了巨大的贡献，而千千万万的人大人也在他们的各自工作领域扮演着一个国家的建设者的角色。

"当你老了，回顾一生，就会发觉：什么时候出国读书，什么时候决定做第一份职业、何时选定了对象而恋爱、什么时候结婚，其实都是命运的巨变。只是当时站在三岔路口，眼见风云千樯，你作出选择的那一日，在日记上，相当沉闷和平凡，当时还以为是生命中普通的一天。"这是徐凯强最喜欢的一句话。从看似平淡的日常一步步构筑自己的未来，在事情的细枝末节中发掘机会，洞悉整个发展规律，才能在面对人生重要的选择时，做出最正确的决定。他说，其实大学四年虽然看上去很漫长，但人能够做选择的机会确是很少的，最紧要处，只有那么几步。什么时候创业，什么时候去实习，是想出国，还是留在国内读研，这些机会往往稍纵即逝，需要你从细节着手捕捉机会，从一堆不完全的信息中找到什么是应该做的，什么方向自己乐意去发展，有能力去发展——"见微知著"，就是人大教给他最重要的精神。

人生中有许多道路，我们无法同时涉足。紧要的关头就那么几个，我们沉思，然后迈步。徐凯强选择了创业这条路，在实践理论中找到了人生的方向。这条路少有行人，有些人望而却步，不敢涉足。徐凯强却一往而深，手启山林，另觅桃花源，此中有洞天。

学生记者：周莹、郑林丹

第三部分

明德博学，求是笃行

——毕业季精彩发言汇总

舍弃归零再出发

郎永淳在中国人民大学商学院 2017 年毕业典礼上的发言

简介：

郎永淳，找钢网首席战略官、高级副总裁，原中央电视台新闻主播，人大商学院 EMBA1404CMPM 班硕士研究生。

尊敬的各位老师，各位领导，亲爱的同学们：

大家好。

我是来自人民大学商学院 EMBA1404CMPM 班的毕业生郎永淳。今天能站在这里，可谓万般滋味在心头。既有对过往充实学习获得丰硕知识的喜悦，也有对辛勤培育我们的老师的感激，同时也有与告别母校和同学们分别的不舍。

舍弃归零再出发。

《约翰·克利斯朵夫》有这样一段话，大部分人在二三十岁上就死去了，因为过了这个年龄，他们只是自己的影子，此后的余生则是在模仿自己中度过，日复一日。1995 年，我进入中央电视台，开始主持《新闻 30 分》节目，2011 年开始主持《新闻联播》，在央视工作了 20 年。后期的生活进入了舒适区、日复一日的模仿自己。

　　看见危机，如何抉择，又如何行动？未来该怎么走，怎样去发展？带着这样的迷茫，2014年春天，我和在座的很多同学一起，踏入人民大学校门，希望在这里，能够找到问题的答案，获得人到中年再出发的勇气和依靠。

　　很幸运在人民大学有学贯中西的大师们，为我们传道、授业、解惑，使我们掌握了进入新领域的途径，看到了世界的新维度。从原先对世界认知不足的状态中摆脱出来，告别惶恐，挥别迷茫。也就是在人大商学院上课期间，做出了人生中最重大的决定：学会舍弃、告别舒适区，开始新的征程。商学院的学习让我的选择充分考虑了创业所进入的领域、时点以及所需要防范的风险。2016年，我告别了工作几十年的央视，加入了找钢网，加入火热的万众创业、大众创新的热潮之中。

　　重新激活好奇心。

　　双创，可能是过去几年里，我们这个国家最火热的词汇。国家将建立"创新型国家"定为战略目标；企业把创新作为转型升级的依靠；华夏大地上涌现出浓浓的创新、创业热。在这个火热的时代里，我们能做什么，我们可以做什么？我们能否紧跟这个时代，具备创造性或创造力？

　　有经济学家提出，创造性等于知识乘以好奇心和想象力。这也让我想起了课堂上老师所传授的心智模式，良好的心智，对个人、对企业甚至对一国经济的发展具有强大的促进作用。如同乔布斯的"求异思维"、SpaceX和特斯拉公司的创办人马斯克的"反直觉思维"那样。因为他们的好奇心，他们开放、多样性的心态，才有了今天的苹果、特斯拉，使得美国在高新技术产业保持着领先地位。

　　回到我们自身，随着我们在工作中日益驾轻就熟，知识的积累和增加，我们的好奇心正在递减。我想每一位来到人民大学，来到商学院的同学或多或少的遇到了这样的问题。而大家都不甘于平庸，不希望自己机械而重复地忙碌下去。于是乎，我们来到了人民大学商学院，希望在这里找回激情和想象力。

事实上，在学校学习的几年时间里，在老师的指导下，我们学会了归零，打开了视野，突破了既有的框架。对未来有了新的认知，对世界有了新的感受，曾经一度磨灭的想象力又重新回来了，好奇心再次被激活。这也是我们投入当下火热的双创时代，为自己、为社会、为国家贡献出自己的力量的依靠。

终身学习。

在 IT 领域，有一个摩尔定律，即集成电路芯片的性能，每 18 个月增加一倍。我们身处在一个技术、知识快速更新的时代，几乎每天都有新事物、新技术、新概念、新模式诞生，专业知识更新周期越来越短。

而今，既是百年难得一见的机遇期，对个人来说也是挑战期。我们的知识结构能否适应快速变化，能否在大变革时代用我们的专业能力抓住机遇。要想达到预期，唯有不断对自我进行复盘，持续学习、终身学习，学习一切反映当代世界发展的新知识，学习做好工作所必须的一切知识，方能不落后于这个时代的步伐。

是的，我们刚完成了人大商学院的课程，目前来看，我们已经历了国内外顶尖的商业课程的洗礼，迭代了我们的知识结构。但未来我们仍需要继续努力，不沉溺于昔日的成绩，不满足于今天的状态，对职业生涯的成长持续投注心力；坚持终身学习的精神，继续与母校保持联系，不断向商学院的老师们请教和咨询，以此化解知识挑战、避免可能面临的知识危机。

让情怀落地。

北宋的张载提出读书人四大使命："为天地立心，为苍生立命，为往圣继绝学，为万世开太平"。这是小农经济背景下，古代读书人修身、齐家、治国、平天下的使命和情怀。而今，我们身处社会化大生产和互联网大革命的环境下，一国经济的发展主要看其是否拥有充满活力的企业、是否掌握高新技术、是否具有强大的金融能力。

在人大商学院，在各位老师的指导下，我们掌握了管理研究方法论，掌握

了现代企业管理理论、知识，熟悉了各类商业模式和理论，从众多的商业案例中汲取了丰富的养分。这些系统性知识的掌握，将让我们在座的每一位毕业生受益终生，并将指导我们在商业社会中奋力进取，用我们的努力、智慧去完成现代读书人的使命和价值：为我们这个国家创造更多的财富，为我们民族积累更多的技术资源，使这个国度里的民众生活得更为幸福。这是时代的要求，也是我们每一位读书人的新定位。

以梦为马、不负韶华。让我们人大学子们在未来的日子里，携手努力，让我们的人生更有价值。最后，感谢学习期间，各位师长的谆谆教诲。最后祝母校、祝商学院越来越好。

谢谢！

这就是最好的时代

黄万丁在中国人民大学公共管理学院 2017 年毕业典礼上的发言

简介：

黄万丁，湖北黄冈人，中国人民大学公共管理学院社会保障专业 2014 级博士生，2017 年通过云南省人才引进计划入职云南省人力资源和社会保障厅。攻读博士期间，参与国家社科基金重点项目一项、国家卫计委和人社部委托项目四项，主持中国人民大学研究生科学研究基金项目一项、拔尖创新人才培育资助计划一项；在《国家行政学院学报》《社会保障研究》《经济社会体制比较》等期刊发表文章十余篇，被人大复印资料期刊全文转载两篇；荣获"国家奖学金"等奖项以及"优秀研究生""三好学生""优秀毕业生"等称号。2015 年起先后兼任"中国—欧盟社会保护改革项目"中方执行专家、对外经济贸易大学保险学院教师、中国人民大学书报资料中心编辑。

尊敬的各位师长，亲爱的同学们：

我是 2014 级博士生黄万丁，行将赴云南工作。2007 年 9 月，我从大别山腹地出发，先后转战汉沪京三地，及至今日在人民大学取得博士学位。感恩伟大的时代，寒门子弟如我亦能稳步向前。2013 年 9 月 26 日晚，生平第一次来到天安门，在人头攒动的华表柱下，我给一位兄长发去这样一句话："男儿有念，当念于天地之间；盛世有情，情当生死相报！"此为近十年我心路之写照，亦为余生我不变之信仰。向东北上皆是希望的春天，南下西去又逢光明的季节，于我而言，这就是最好的时代！

感谢人民大学和各位师长，过往三年，点亮我的生命之光。远行之际，再次回首满壁葱郁的求是楼，感恩这里有全国排名第一的学科荣耀，感谢这里有个性和才情齐飞的学术大师，三年来，得益于诸位老师教诲，我认识自己和大千世界的智慧、改变自己和现实社会的决心皆入得更高境界。感谢恩师李珍教授。《大话西游》里有句台词，"你还没有变成真正的孙悟空托世，这是因为你还没有遇上那个给你三颗痣的人，当你遇上他之后你的一生就会改变"，于我而言，恩师就是给我三颗痣的人。师之道，如星火之光，可照万丈红尘。2015 年 11 月 13 日，时逢恩师六十寿诞，我曾撰写这样一幅贺联："商保转社保，三十余年学问，范理性情怀共存，国士之心江湖不远；武大到人大，两千里路文章，论平等效率博弈，独立风骨庙堂岂高？"此番南下五千里，然不论为官

185

还是治学，毕生我都会以恩师为榜样，居庙堂高不失风骨、处江湖远仍是国士。

在中国人民大学八十年的漫长历史上，在数以千万计的被红色基因浸染的热血青年心中，入世"为官"还是出世"治学"一直都是一个重大抉择。虽然六年"以学术为业"的生活已然为我的生命着上学者的底色，但人生路口，我还是选了一条少有人走的路。

以学术为业。

2013 年 9 月 9 日，在一篇名为《以学术的名义寻找幸福》的讲稿中，我将社会科学学术生活应该具备的品质概括为五点：包容、积极、低碳、有尊严、接地气。在经历了完整的博士生的学术生活之后，关于社会科学，我进一步体会到：第一，社会科学是兼具自然科学"求真"精神和人文艺术"尚美"情趣的"向善"之学；第二，社会科学的学术研究应该以人民的需求、而不是学术个体的需要为出发点；第三，社会科学的学术精英当以辨识能力和反思精神为第一人格品质。"以学术为业"的同学们，我不知道在你们的心中，你是如何回答甚至是否思考过这三个"是什么，为什么，怎么办"的问题。但无论如何，今天我都想强烈的发问，对自己也对大家：你是否曾经淹没甚至败退在了网络民粹和福利民粹对理性社会规范的猛烈冲击之下？你是否参与了那些"所耗费的社会资源甚至已经超过解决问题本身所需成本"的所谓的学术活动？你是否助长了"有知识却没有常识"的学术成果对学术精英和平民阶层之间业已存在的距离的撕裂？"以学术为业"的同学们，值此中国的社会科学大转型之际，我想借用纪伯伦的诗句——"不要因为走得太远而忘记为什么出发"和大家共勉共鉴！

以政治为业。

选择去往西部是国家需要和个人发展的统一。从国家层面来讲，如大家所见，中国的非均衡发展已经到了非改不可的地步，西部的一个村庄或许还不抵北京的一套房产。而要发展西部，最缺的就是富于才学和奉献精神的青年人，一人之力或单薄，但十人间必有清明廉吏，百人里定有造福一方，千万人中或有青史留名，故不求人人有大才干，若都愿做这百十或千万分之一，即是国家之幸。我自觉才学浅薄，所能改变者或不过十里之乡，如此，十人就可及百里之县，百人就可改千里之郡，千万人则功在万里河山。从个人发展来看，古语有云"宰相必起于州部，猛将必发于卒伍"，西部天地广阔，的确大有可为！"以政治为业"的同学们，人之生存和发展迟早会面对"心在哪里安放"的拷问，因此我们的选择应该超出生存的法则而更多的思考活着的意义。不论"立学为民，治学报国"的情怀是否已经浸透你的血液，登高望远之时，还请不要因为走得太快而忘了将要去向哪里。

亲爱的同学们，我们中间更多的人可能既没有选择从事学术研究，也没有选择去往政府部门，但无论如何，不以学术为业也请不要放弃成为一个有学问的人，不以政治为业也请不要放弃对民族国家命运的关切。1937 年 10 月 23 日，毛泽东同志为陕北公学成立题词，今天，我想引用和大家共勉："要造就一大批人……这些人不是狂妄分子，也不是风头主义者，而是脚踏实地富于实际精神的人们。中国要有一大群这样的先锋分子，中国革命的任务就能够顺利地解决。"

朋友们，离别是一件令人伤感的事情，特别是对于我这种文艺青年。三年来，我无数次的走遍人大校园，人大的光荣和梦想也早已铭刻心间，但离别时刻，我还是希望时光能够反转，容我再走三年。诸位师长，三年来学生受教于大方之家，深深震撼于知识和情怀的力量，此生我一定以"求真、向善、尚美"的正能量回馈祖国和人民。学生远行，愿您珍重，对您的思念和祝福，我带向远方！同学们，我们秋天相聚、夏日离别。扬帆远航时节，无以为赠，唯愿你我前程皆锦绣！

统计乃统乾坤、计时运之大道

刘圆在中国人民大学统计学院 2017 年毕业典礼上的发言

简介：

刘圆，女，中国人民大学统计学院统计学专业 2014 届本科、2017 届学术型硕士毕业生，就业去向为中国工商银行总行投资银行部。在校期间曾获北京市市级优秀毕业生、研究生国家奖学金、三好学生等二十余项奖励；曾任 2015—2016 学年统计学院研究生会主席，任期内完成组织架构创新改革。科研成果丰富，于 2015 年通过新闻发布会汇报主要负责项目《社会心态的测量及对政策评价的影响》研究成果。

尊敬的各位老师，各位家长，亲爱的同学们：

我是来自中国人民大学统计学院 2017 届学术型硕士班的毕业生刘圆。过去的七年里，每每自我介绍时我都会为自己打上人大统计的标签，今天是最为拗口也是最为郑重的一次，但或许也将是最后一次。不久的将来，我们将换去名字前这充满学生气的定语，再往后的将来，我们还会得到更多闪耀的头衔，数据科学家、总精算师、首席分析师……当有一天，我们盛名累累、风光无限，不知会否怀念起"人大统计人"这一句回答"我是谁"最为纯粹直接的答案。

　　人大统计带给我们的是看透世界本质的智慧。老师们在课堂上的良言金句言犹在耳，赵老师说"物竞天择实际是分布的竞争"，贾老师说"统计其实算不准"，易老师说"我们在偶然之中寻必然"，王燕老师说"人活着有时要像指数分布"……字字中的，让我们懂得"统计"二字绝非统短长、计得失之小心，而存统乾坤、计时运之大道。初学概率，讶异于世界的绝对平等，给予每个人相同的概率从牌堆中抽出王牌，无论先来后到；再遇正态，又不免怅然于命运的不公，即使每个人有相同均值的分布，也总会有人以不及0.3%的概率出现 3δ 外的巅峰人生；及至随机过程，又开始以发展的眼光看待一切，既知人生如马尔科夫链无后效性，何不如不恋过往、立于当下、大胆向前；贝叶斯教会我们以过去为先验不断调整后验，聚类教会以相似度将事物分门别类，因子分析教会我们将复杂信息降维以观主线，随机森林教会我们纵向决策步步为营。所学至深，统计已潜移默化地影响我们认识世界的思维方式，我们看到了掩藏在绝对事件背后的概率空间，我们追求估计的精度却也宽容二类错误，我们相信相关并非意味着因果，我们在随机游走中寻找稳态分布，我们认识世界的角度如此与众不同。

　　正因不同，人大统计人自当生出在当今世界横刀立马的决心。在我们即将进入的政府公务员和经济、社会、金融、保险、管理等领域，决策经营模式正在经历着历史性的变革，银行通过客户细分推荐资产管理组合，保险公司利用生活行为数据预测健康隐患，投资公司通过量化交易获得更高的收益，监管机构通过社会网络监测内幕交易，政府部门利用舆情监测指导社会管理。在变革的时代，所学统计与精算之技，必将是我们核心的个人价值，也将助我们发挥社会价值。知过去而观未来，测度方位、指引方向、科学决策，力挽风险狂澜，开创新经营之路，创民主监测之术，强政府科学决策，为人民造福，助国家昌盛，立世界之林。

　　此刻的我们豪情万丈，身披荣光，仿佛走过了世事沧桑，仿佛拥有了全部

世界。然而现实是，我们即将转身离开，走出西门大树的荫蔽，背对东门大石的实事求是，面向川流不息的车水马龙，面向鳞次栉比的钢筋丛林，面向华灯初上的万家灯火，我们不知又会否被猝不及防的漂泊感泼一头冷水。朋友们，让我们停止抱怨未来从事的事业除了做表与统计没有半毛钱关系，20 岁的我们跑得了代码建得了模型，30 岁的我们怎么能甘心在信息时代被自动化程序替代。朋友们，让我们给理想一些时间，求学时我们做过项目帮国家运筹帷幄，开过发布会塑造健康的社会心态，毕业后怎么能随波逐流自顾自了起来。朋友们，让我们忘掉 1992 年生人已是中年人的自嘲，放下无奈、放下迷茫、放下老气横秋，这是大有可为的时代，我们朝气蓬勃、我们奋楫扬帆、我们敢为人先。

人大统计留给我们的故事足够温暖，人大统计授予我们的智慧足够广博，人大统计塑造我们的价值如此独一无二，感谢学院每一位老师的辛勤耕耘，我想未来 10 年、20 年，我们必将更加自豪地以人大统计人来标榜自己。也请允许我代表同学们感谢每一位家长，异地求学的我们有很多故事来不及说给你们听，今天的这番关于我是谁的答案希望让你们足够骄傲，今天我们成长后的样子希望你们足够喜欢。

国民，社会，表率，栋梁

王露莹在中国人民大学法学院 2017 年毕业典礼上的发言

简介：

王露莹，中国人民大学法学院 2013 级法学—工商管理实验班本科毕业生，大学四年来成绩优异，在实验班名列前茅，曾赴欧洲交换学习，并多次代表法学院参与模拟法庭比赛。毕业后就职于知名律师事务所。

尊敬的各位老师、家长，亲爱的同学们：

大家好！我是法学院 2013 级法学本科毕业生王露莹，非常荣幸能够作为毕业生代表在此发言。

我曾三次参加法学院在明德堂举办的重要典礼。第一次是在 2013 年 9 月，是我们这一级的开学典礼，那一天，高仰光老师与"台上的先生""东门的顽石"一起成为法学院学生热搜榜前三名。第二次是 2014 年 6 月，我作为志愿者参加法学院 2014 级的毕业典礼，记得当年上台发言的刘北溟师兄，讲述了其充实精彩且国际范十足的大学经历，满足了台下我这个大一小学妹，对于优秀学长和美好大学生活的所有幻想。而第三次，也是我大学生涯的最后一次，就是今天，我穿上学士服，拨穗正冠，在这里，与法学院的老师同学，与人大，做郑重而深情的告别。

我对人大的最初印象，源于开学报到那天，明德主楼横幅上的 8 个大字——"国民表率，社会栋梁"，那八个大字居高临下，仿佛自带圣光。当时18 岁的我驻足仰望许久，被一种宏大的愿景与使命震慑得动弹不得。而昨夜，从品六涂鸦墙边走过的我，又一次看到了这熟悉的八个字，他们工整、端庄，静默着欢送我的离去，一如当年静默着欢迎我的到来。我百感交集，才发现，在人大法学院的 4 年时光，也正是自己不断探寻国民与社会、表率与栋梁这四个词含义的过程。

大学期间的最大感悟，莫过于真正认识到了个人发展道路的多种可能，学院与学校为大家的专业提升与人格发展提供了很好的平台，帮助每个人发现自己的兴趣所在。回首自己大学生活，除学习之外，几乎每个学期都在尝试一些新的机会与视角。从大二在最高院参与志愿服务，到大三参加模拟法庭比赛，出国交换学习，再到大四进入律师事务所及联合国组织实习，这些经历彼此嵌连，促使我不断认知自我、了解社会，让我明白自己究竟从何而来，正站在何处，又将走向何方。

大二在最高人民法院诉讼服务中心参与志愿服务的经历，使我第一次走出象牙塔，窥到社会底层人民对于公平正义的呐喊与诉求。当看到九旬老人佝偻着身子，满眼热泪地为已故的儿子讨要公道；当来自偏远山区的老妇人向我哭诉自己屡次上京信访却遭受地方政府的不公待遇，那时的我会愤怒、恐惧，会深感自己专业知识的有限，以及对人间苦难的无知。我认识到"社会"二字不仅仅是法学课堂上的抽象意义，也不仅仅是我们每天安乐生活着的校园，它是一个始终有弱势群体存在的地方，他们被社会折叠、被排除在主流话语权之外，但他们的尊严和权利却更需要社会的尊重与保护。而我们，正是成长在这样一个社会中的青年法律人，而这，就是社会栋梁中"社会"二字对于我们的期待。

我对于"国民"二字的切身体会，始于大三。那是一次国际刑事模拟法庭比赛后的嘉宾点评，一名来自外交部的嘉宾提到，在处理 1999 年中国驻外领事馆被炸事件时，我国政府曾考虑通过国际司法途径维权，然而囿于当时中国国际法专业人才匮乏，举国上下竟找不到能够站在国际法院上代表国家的合适人选，因此最终不得不放弃国际司法途径，转而诉诸缓和的外交手段。当时的我被这段话深深触动，我想，当我们谈论国民表率，其意义大概不仅限于国内社会，更意味着向国际化水平看齐，努力提高自身能力，并在国家需要的时候挺身而出，在国际舞台上挑起国家与民族的大梁。国民即国家，强国之责任不在他人，而在我国民中健硕奋发之青年。

在那之后，尽管双学位课业繁重，我仍毫不犹豫地参加了学院的海外交换项目。一学期欧洲交换学习的经历也让我对这个世界经济文化的多元性有了更深刻的体会，我逐渐明白，学院所一直倡导的国际化视野，具体而言，是一种对环球凉热的关注，是一种对避免落入单一文化价值之窠臼的时刻警醒，是一种对浩瀚人类文明的敬畏与开放。同时，我也逐渐意识到，人大也许很小，只是世界高校版图中的沧海一粟；而人大却又很大，这里的机会天高海阔，你的梦有多远，学校、学院就会尽全力送你到多远。我们从中关村大街 59 号整装出发，带着人大法学的深红色印记，意气风发地走向世界各地，与来自五湖四海的同行者一起，迎接这个时代未知的机遇与挑战。

如今的我，将在毕业后以一名商业律师的身份开始我的法律职业生涯。在此，我想特别感谢学院对法商实验班的支持，双学位的培养模式赋予了我跨学科的知识储备以及分析问题时的多重视角，并指引我找到了自己真正喜欢的领域与由衷热爱的职业。当我站在学校与社会的交界处，当我每天挤着拥挤的十号线地铁，看国贸附近灯火璀璨车水马龙，我又记起"表率"与"栋梁"这两个词对自己的期许。我想，作为一名商业律师，当参与到一项项具体的交易，无论是代表外国资本进行境内风险投资，抑或是助力中国企业完成海外资产收购，我欣喜地看到了这份工作对于促进商业全球发展及资源优化配置的积极意义，同时我也深深认识到，这是一份对专业素养有极高要求的职业。而自己距离心中的"表率"与"栋梁"，还有太多的知识要学，太长的路要走。

这是一个日新月异的时代，2013—2017，我们见证了快递、外卖、小黄车

对校园的强势入侵及对我们生活方式的颠覆性改变，我们有了一直被模仿、从未被超越的北区食堂，以及，知耻而后勇的其他食堂；我们发现法学院若干层拐角处为学生摆放了沙发与茶几，使得法学院学子们在为学科竞赛熬红双眼时，有了可供艰苦奋斗、燃烧激情的革命根据地。这就是我们所在的大学，我们所处的时代，它以一种惊人的速度更生演替，不断向前。

一百多年前，陈独秀在其《敬告青年》一文中希望新鲜活泼之青年有以自觉奋斗之精神——"自觉者何？自觉其新鲜活泼之价值与责任""奋斗者何？奋其智能，而力排陈腐朽败者以去"。今日我也想以这句话与在座的各位同学共勉——希望多年后的我们，回顾社会发展历程，能够欣慰而自豪，因为我们不仅是国民的一员、社会的一分子，更是时代的见证者与掌舵人，我们骄傲，因为我们都曾在社会变革中弄潮而立、手把红旗，无论台前与幕后，我们都没有忘记生于忧患的人大先辈们的立命之本，我们都以自己的方式践行了对于"国民表率，社会栋梁"的庄严承诺。

最后，我想援引美国前总统奥巴马的一句话，"We have the power to make the world we seek, but only if we have the courage to make a new beginning, keeping in mind what has been written"——如果你正踌躇满志、面向未来扬鞭策马，请将人大，请将法学院，请将这片梦开始的地方铭记在心。

祝在座的各位前程似锦，祝老师们安康如意，祝母校青春永驻，祝伟大的祖国昌盛繁荣！

谢谢大家。

人大博士，心沉基层

郑睿臻在中国人民大学 2017 届毕业生代表座谈会上的发言

简介：

郑睿臻，社会与人口学院 2014 级博士生。毕业后前往陕西省西安市周至县政府挂职副县长。博士期间，受国家留学基金委公派，前往美国华盛顿圣路易斯大学进行为期一年的学习交流。多次参加省部级课题和社会调研活动，在《人口研究》《中国青年研究》等核心期刊（CSSCI）上发表学术论文 5 篇。曾出席社会工作专业的最高国际学术会议（SSWR 年会）、美国儿童发展战略会议等。先后获得"国家奖学金""三好学生""社会实践优秀个人""优秀班干部""优秀团干部""优秀研究生""挑战杯创业计划大赛金奖""北京市优秀毕业生"等荣誉。

各位领导、老师、同学们：

我是 2017 届博士毕业生郑睿臻，来自社会与人口学院。毕业后将赴陕西省西安市周至县政府挂任副县长。非常荣幸能够作为博士生代表参加此次座谈会。

回顾在母校的点点滴滴，我有太多的不舍，不舍母校情、师生情、同窗情。有太多的难以忘怀，忘不了老师对我们的谆谆教诲，循循善诱；忘不了我们在课堂上的书生意气，挥斥方遒；更忘不了人大精神赋予我们的家国情怀，历史使命。有太多的人需要感谢，感谢辛勤培育我们的老师，感谢时刻帮助我们的师兄师姐，感谢默默付出的后勤人员。人大对于我来说，是一份骄傲，更是一份责任。

在这里，我主要想谈"三点影响""两点准备"和"一点希望"。

首先，我想谈三点人大对我影响最深的地方。

第一点是个性化的培养方式使我受益匪浅。从导师到每一位任课老师，都能够充分尊重我们的意愿，给足我们自由发挥的舞台和空间。记得研一的时候，我萌生了去商务部实习的想法，与导师交谈后，不仅获得了首肯和支持，还获得了导师的亲笔推荐信。老师们除了在学术上引导我们，还在为人处世等方面时刻教导我们，哪怕是小到一个待人接物的细节。我们在人大不仅收获了知识，还收获了各种技能。比如我们师门就要求每个人都擅长一种体育运动，精通一门语言，我就是在这个不成文的规定下考取了英语专业八级证书。所以，我们从人大走出的博士，具备全面的素质技能，绝不是只会读书的书呆子。

第二点是脚踏实地的人大精神使我心系基层。"实事求是"的校训、"国民表率、社会栋梁"的培养目标时刻都在影响着我们。我们不仅在象牙塔里博览群书，同时也经常扎根田野、实地调研。记得有一次在信访调研的过程中，我看到了国家信访接待大厅的外面排着两行长长的队伍，让我感到我们的基层工作还有很大的提升空间，也坚定了我去基层工作的想法，我要将我的志向与祖国的需要结合起来，将我的所学应用于实践，真真切切地帮助群众解决一些问题，做一些实事。

第三点是到位贴心的就业指导使我情定选调。在硕士的时候，我就参加过学生就业创业指导中心举办的公务员讲座，也是从那时起我对"选调生"这一概念有了明确的认识。在博士毕业之际，我义无反顾地选择加入选调生的队伍。在报考过程中，学校就业中心的领导和老师们耐心地帮助我们分析、了解相关政策，帮助我们在选调招录中脱颖而出。在即将离开母校，奔赴工作岗位之际，又专门举办"赴基层就业毕业生训练营"，帮助我们尽早了解工作岗位要求、学习相关工作经验，切实做到了将我们"扶上马，又送一程"。

其次，我想谈一谈在即将赴基层就业的过程中，我的两点准备。

正是人大对我的培养，使我立志成为一个有心人，一个对自己高标准、严要求的有心人。在得知分配结果的那一刻起，我就对所在县区进行了关注，提前做足准备。首先，关注了周至县的微信公众号，每天查看该县的时政新闻和工作动态。其次，对该县的人文历史、行政规划、产业布局尽可能多地加以了解，做到心中有数。进入工作岗位后，我还要继续发扬人大"实事求是"的精神，多进行实地走访、多调研，争取以最短的时间适应角色要求，完成博士生到副县长的身份转换。虽然以后的工作会遇到各种困难和挑战，但是我坚信只要牢记人大"实事求是"的校训，多了解实际、掌握实情，不断增强工作的原则性、系统性、预见性和创造性，就一定能够做好本职工作。

最后，我想谈一点希望。

希望我们在走上工作岗位之后，还能经常感受到母校的温暖和支持。我们是陕西省第一批定向招录的选调生，一定要开个好头，时刻以"国民表率、社会栋梁"的标准要求自己，认真做事、踏实做人，不急功近利，不忘初心，切实为陕西人民多做一些好事、实事。当我们取得进步与成绩时，一定回母校向各位老师汇报。

在这里，请允许我再次代表 30 多位签约陕西的选调生，诚挚邀请书记和校长来陕西看望我们，并关注我们在基层的成长和进步。这将会使我们备受鼓舞，充满干劲，早日成长为可堪重用的栋梁之才！

情系基层，梦想成真

韩昱在中国人民大学 2017 届毕业生代表座谈会上的发言

简介：

韩昱，商学院 2015 级硕士生。毕业后选择四川选调生，前往成都市经济与信息化委员会工作。曾担任校研究生会创业部副部长，人大学生基层就业服务协会骨干，班级党支部书记。曾组织人大基层就业协会骨干前往四川调研人大选调生校友，并撰写《人大选调生满意度调查报告》；在校期间，先后荣获"研究生学业奖学金"和"优秀研究生""优秀兼职辅导员"称号等荣誉。

各位老师，亲爱的同学们：

我叫韩昱，是商学院资产评估专业的硕士毕业生。我来自四川，今年选择了四川选调生作为我的就业去向，即将回到家乡，为家乡的发展进步贡献自己的绵薄之力。此时此刻，回首在人大接受的培养与历练，感慨良多，希望能够借今天的机会向老师、同学们作一汇报。

刚上研一，我就加入了招生就业处指导下的"人大学生基层就业服务协会"，开展基层校友服务工作。这份经历对于我的就业选择有着非常重要的影响。2016 年春假，我组织协会同学前往四川调研人大选调生校友，并在招生就业处老师的指导之下撰写《人大选调生满意度调查报告》。2016 年 5 月，我全程参与了人大首届"学生基层就业工作论坛"的筹办工作。每年毕业季，学校都会组织隆重而温馨的"基层就业毕业生欢送会"，作为工作人员的我，看到那些即将奔赴祖国天南海北的师兄师姐畅谈对母校的感恩、对未来工作的信心，自己也备受鼓舞和感动。在协会工作期间，我接触到了许多优秀的人大校友，他们当中的许多人放弃了在大城市工作的机会，前往西部落后地区建设基层、扎根基层。从他们身上，我也深深感受到，作为一名人大人，我们的工作不仅仅是找一个饭碗，更应考虑社会、国家现实需求，将个人价值、社会价值、国家价值融为一体。从那时起，我便坚定地将基层公共服务部门作为我职业生涯规划的唯一目标。经历了紧张的求职季，我幸运地成为了四川选调生，实现了自己的愿望。而如今，我的角色也从"欢送别人"的工作人员，变成了被母校欢送的对象之一。

在人大的两年是充实的、是快乐的！母校对我的培养是全方位的。在人大，我可以接触到人文社科领域的顶尖学者，聆听他们对热点问题的独特见解；也正因为有了人大这样一个平台，我才有机会锻炼自己的综合素质。去年暑假，我有幸参与了四川文化创意产业研究院的筹办工作，在此过程中，也加深了我对家乡的了解，借助省校合作的契机，去建设西部、建设四川。

母校是从抗战烽火中一路走过来的，她的成长始终和近现代中国的发展变化同步，和国家命运息息相连。校史馆曾经举办过一个展览，其中提到了一位叫孔迈的师兄，1937 年抗日爆发，19 岁的海外华侨孔迈毅然回国投身抗战，但事先没有经得家人同意，在途经香港时，将自己的一张黑白相片托人捎给父母，并在照片背面写了一句话："妈妈，请把我献给祖国吧！"但谁也没想到，与父母的这一别，竟成永诀。"苟利国家生死以，岂因祸福趋避之。"咱们的前辈们为了国家民族的前途命运，不计个人利害得失，始终坚持真理，对于我们，更应该传承、继承、发扬这样的精神。

今年七月，我即将离开北京、离开母校，奔赴四川开始新的人生旅程。在

我看来，基层并非"地域"的概念，而是"人民"的概念，服务基层的实质就是服务人民。作为人民大学的学子，我将铭记母校教诲，踏踏实实，一步一个脚印，用自己实际行动践行"心为平民，行为精英"的人生信条！

选择最艰苦的地方，作为梦想的起点

汤伟在中国人民大学 2017 届毕业生代表座谈会上的发言

简介：

汤伟，历史学院 2013 级本科生。毕业后前往新疆阿克苏地区基层工作。曾担任历史学院 2013 级本科班长，历史学院本科生党支部宣传委员，历史文化协会会长，创办金石轩学会并任副会长；曾获得校级"优秀班干部""社会工作与志愿服务奖学金"等荣誉；曾赴四川省万源市乡村做农村土地确权调研（配合国务院农业部调查统计），参与辽宁省朝阳市半拉山红山文化墓地（今年获年度十大考古发现提名）发掘整理工作。

各位老师，亲爱的同学们：

我叫汤伟，是历史学院 2013 级本科毕业生。毕业后，将作为选调生在新疆阿克苏地区基层工作。非常荣幸能作为赴西部、基层就业毕业生代表发言。我从未想过，如此平凡的我作出的一个就业选择，会受到学校、学院如此的重视与帮助，我倍感荣幸！

提到去西部基层就业，大家第一反应是，你真勇敢！第二反应就是问，"为什么？"作为我自己来讲，我并不认为这一选择有多么的特殊，或者说光荣，我也相信，其他诸位选择去西部、基层就业的同学们，也并非是冲着荣誉而作出的这一选择。

在人大学习生活四年，学习知识、增长才干，人大赋予我坚毅的品格以及"敢为天下先"的担当精神。我担任了四年班长、两年院本科生党支部宣传委员，从事了大量的学生、社团工作，自身素质与能力得到了全面的锻炼。我常思考，毕业后选择去哪里，能最大限度地发挥人民大学毕业生的优势，从而主动向"国民表率，社会栋梁"看齐呢？

"宰相必起于州郡，猛将必发于卒伍。"我坚定下来，就去基层！好男儿志在四方，既然要磨炼自己，就去最艰苦的地方，去最能施展我能力的地方！我认真领会了我们党和国家领导人对青年人的号召，尤其关注"一带一路"倡议，经过认真的思考，我认为，新疆应是未来中国向欧亚大陆开放的重要门户，如果能将自己的理想抱负与国家倡议、党的号召相结合，一定能够发挥出更大的价值，发掘出自己更大的潜力！

有了这个想法后，我便时常去学院跟老师交流、沟通，学院方玉萍老师、丁莉婷老师、洪文老师给了我非常大的鼓励和帮助，耐心讲解学校的就业信息、新疆地区的各项招录文件，对此，我非常感谢！学校招生就业处各位老师的帮助，也让我十分感动和感激。关于南疆选调生，每有不懂迷惑之处，我经常打电话询问，都得到耐心的讲解和答复。尤其是莫老师，还为我引荐了一位上一年去南疆的前辈师兄，借此机会也非常感谢招生就业处老师们的指导和帮助！

几天前，我参加了学校组织的"2017届赴基层就业毕业生训练营结营暨欢送仪式"，非常有幸能被刘伟校长授予荣誉证书，并有幸和靳书记、刘校长、洪校长等校领导和老师们合影，我感觉自己从人大毕业已经圆满了！

最后，请老师们放心，毕业后我们会扎根基层，脚踏实地，并定期向学校和老师们汇报我们的发展，努力成长为真正的"国民表率，社会栋梁"！值母校八十周年校庆之际，我也想在这里向诸位即将奔赴各个工作岗位的同学们发出一个畅想，十年、二十年后，让我们再同聚人大，为母校庆生！跟未来的学弟学妹们分享人生经验！也为母校对我们的培养，交上一份满意的答卷！

2017届毕业生代表座谈会上，靳诺书记、洪大用副校长与汤伟同学合影

携笔从戎，不负期望

赵文豪在中国人民大学2017届毕业生代表座谈会上的发言

尊敬的老师、亲爱的同学们：

我是2013级新闻学院国防生赵文豪，即将赴武警部队任副连职警官，授中尉警衔。十分荣幸参加今天的座谈会，向各位领导、老师汇报我这四年的成长经历和我在即将毕业之际的个人感受。

四年前，我从祖国最西北的新疆边陲小城伊宁来到北京，心中充满忐忑和憧憬。在毕业之际，回首过去四年，我感触良多，下面我以三组关键词向老师们汇报我的感受。

一是感恩。首先，我想感谢学校及学院对我在专业能力上的培养。通过四年系统的新闻专业学习，我提高的不只是采写编评、摄影剪辑等能力，更是对家国天下、大事大情以己为任的责任意识，在社会舆论纷飞四起的环境下能够辩证分析、独立思考。其次，我要感谢四年来对我谆谆教诲的师长，他们在不知不觉中散发出的人格魅力使我在世界观、人生观、价值观完善的过程中受益匪浅。最后，感谢学校和驻校选培办给我提供了将理论和实践相结合的宝贵机会。在四年的国防生生活中，我两次赴部队训练基地参加封闭集训，两次赴基层武警部队代职实习，让我的军政素质能力得到质的提升，为毕业后赴基层武警部队工作打下坚实的基础。

二是反思。在两次赴部队代职实习的过程中，通过我的观察和自身的体会，我发现国防生在融入基层部队方面存在一定的问题。习近平主席在视察国防科技大学时明确指出：要坚持面向战场、面向部队，围绕实战搞教学、着眼打赢育人才，使培养的学员符合部队建设和未来战争的需要。作为国防生，在某种程度上讲，我们面临着"水土不服"的困境，主要表现在：新毕业学员朝气不足、暮气有余、缺激情、少干劲，老气横秋，动力不足；有的刚毕业就想转业，甚至宁愿交违约金；有的想方设法进大机关、大单位，不愿意从基层起步；有的缺少兵味儿，书生气十足，不能和官兵融为一体、打成一片；有的说起理论来滔滔不绝，干起工作来不知所措，值不了班，带不了兵，组不了训等等。

　　但是，我们也通过思考寻找对策：第一，在思想上融入基层，爱上基层才能扎根基层。"欲木之长，必固其本"，我们要在实际工作中发现基层的特点，进而接受和认可基层工作。第二，在认知上了解基层，融入其中又要冷静观察。在训练执勤和日常生活中，我们要融入战士中间，做"当局者"；也要时而跳出来认真思考，做"旁观者"。经历各种情况时都要想一想：换作我，应该怎么做。第三，要在能力上学习基层，放低姿态才能学到本事。以我们现在的能力素质，还不能够完全胜任副连职警官的职务，这就需要我们放下所谓的干部身份，俯下身子、放低姿态，认真学习，不耻下问。

　　三是决心。靳书记在参加国防生毕业典礼时曾寄语我的师兄们：永远不要忘记，你们是从一所"中国的""人民的"大学里走出的学生。我会谨记老师的教导，以祖国和人民为先。同时，我们将永远记得母校"国民表率，社会栋梁"的培养目标，踏踏实实、认真工作，跟党走，带好兵，打胜仗，不负人大毕业国防生的称号。

　　回首在人大四年的难忘生活，感谢各位老师的悉心培养。在母校八十华诞之际，我谨代表 2017 届武警国防生，祝福母校"桃李满天下，春晖遍四方"！

自强不息，砥砺前行

王燊成在中国人民大学 2017 届毕业生代表座谈会上的发言

简介：

王燊成，中国人民大学劳动人事学院社会保障专业 2015 级硕士研究生，将继续在人大攻读博士学位。少年时代，他家境贫寒，父母均故；本科期间，他笃行砥砺，生活自立，担任学联主席，斩获"中国大学生自强之星""省大学生年度人物""省优秀学生干部"等荣誉；研究生期间，他积极利用新媒体传递正能量，参与抢险救灾以及社会实践，荣获第十二届中国大学生年度人物提名奖。

尊敬的各位老师，同学们：

我是来自劳动人事学院 2015 级社会保障硕士班的王燊成。很荣幸有机会向大家汇报自己的生活学习情况。

我来自安徽省黄山市的农村，母亲在我五岁的时候因病早早离世，姐姐为了供我读书小学还未毕业便辍学打工，还没有灶台高的我在完成学业的同时，还要生火做饭，照顾智力残疾的父亲。与同龄人相比，童年生活虽充满着荆棘与坎坷，但也让我学会了自强自立，坚定了通过知识改变命运的信念。我从村

里的小学考入省级重点高中，成绩也一直名列前茅。但在备战高三时，父亲因心肌梗塞意外离世，虽连夜跑回家中还是未能见到父亲的最后一面。父亲的离世，对我打击很大，开始自暴自弃，每天沉浸在悲痛之中，躲在宿舍不愿上课。但是当看到年迈的爷爷与双手充满老茧的姐姐，我不禁感受到了自己的责任，我必须振作，因为我是家里的男生。从此，我愈发努力，每晚裹着被子、拿着小电筒复习功课。皇天不负有心人，我以优异的成绩考入中山大学。

在本科阶段，我拿过奖学金、当过学生会主席、做过各类兼职，连续两年资助了西藏的贫困生，并帮助其考入中大。曾获中国大学生自强之星、广东省大学生年度人物、广东省优秀学生干部、第十三届挑战杯全国大学生课外学术科技作品竞赛三等奖、中山大学"大学生年度人物"等近三十项荣誉。

靳书记曾讲过：青年学生在人生的不同阶段应该能够"归零"，用平常心面对平淡的状态。2015年暑期，拒绝了本校保研，我自担风险只身一人来到了从小向往的中国人民大学参加推免考试。当初的想法很简单，为了梦想应该不顾一切去追逐，大不了一切从零来过。很庆幸，能够如愿地成为一名人民大学的硕士研究生。2016年12月，我顺利通过了硕博连读资格考试，成为村里的第一位准博士。

两年来，在跟随导师韩克庆教授深入基层调研中领悟了"实事求是"的内涵与真谛，两年期间共参与六项课题、参编一本图书、公开发表两篇学术论文；在担任学院研究生会主席期间学会了"国民表率、社会栋梁"的使命与担当。2016年5月担任劳动人事学院研究生会主席以来，先后组织学生参与了中国人力资源服务业博士后学术交流会、中国劳动经济学会年会、2017中国人力资源管理新年报告会等国内大型会议的志愿服务工作。

2016年7月—2017年8月，经过选拔，挂任"尼伯特"台风的重灾区福州闽清县白樟镇镇长助理一职，在克服断电、断水、断网的困难的同时跟着乡镇干部一起积极参与抢险抗灾活动。作为灾后农村住房房屋重建组副组长，一方面前往危房住房家中开展安全前置的调解工作，另一方面提出通过采取"镇村干部包组包户"的精准帮扶方式推动灾民住房重建。由于抗洪救灾的优异表现，有幸被白樟镇党委、镇政府授予"白樟镇抗洪抢险救灾先进个人"。

2016年10月起，作为课题组成员，针对当前95后大学生的网络行为特征展开调研，基于调研参与撰写了《95后大学生网络行为特征及启示》报告，并于2017年2月10日通过《共青团信息专报》上报至中办国办，获党和国家领导人重要批示。文章同时还被中央政策研究室《学习与研究》杂志2017年第3期转载。

2017年5月，经过层层选拔，最终荣获第十二届中国大学生年度人物提名奖。而所有这一切荣誉都是因为在人大的两年求学生涯的所得与收获。是家人们每次鼓励加油的温暖，是舍友每夜忍受呼噜声的包容，是同门每次陪我赴医看病的支持，是导师每周例会的醍醐灌顶，更是所有师长们的悉心培养。为此，我想诚挚地道一声：感激同学、感谢老师、感恩人大！祝愿母校大师云集，人才辈出，80周年校庆快乐！祝愿各位老师桃李满天下，学子尽乾坤！祝愿所有的毕业生壮志凌云展宏图，前程似锦迈辉煌！

图书在版编目（CIP）数据

玉兰花开又一年：讲述人大毕业生自己的故事/王小虎，周荣主编；中国人民大学招生就业处编写．—北京：中国人民大学出版社，2017.11
ISBN 978-7-300-25133-2

Ⅰ.①玉…　Ⅱ.①王…　②周…　③中…　Ⅲ.①中国人民大学-毕业生-职业选择-概况
Ⅳ.①G647.38

中国版本图书馆 CIP 数据核字（2017）第 272370 号

玉兰花开又一年

——讲述人大毕业生自己的故事

编　　写　中国人民大学招生就业处
主　　编　王小虎　周　荣
执行主编　陈　姚　郭　琴　朱　婷
Yulan Huakai You Yinian

出版发行	中国人民大学出版社	
社　　址	北京中关村大街 31 号	邮政编码　100080
电　　话	010 - 62511242（总编室）	010 - 62511770（质管部）
	010 - 82501766（邮购部）	010 - 62514148（门市部）
	010 - 62515195（发行公司）	010 - 62515275（盗版举报）
网　　址	http://www.crup.com.cn	
	http://www.ttrnet.com（人大教研网）	
经　　销	新华书店	
印　　刷	涿州市星河印刷有限公司	
规　　格	170 mm×240 mm　16 开本	版　次　2017 年 11 月第 1 版
印　　张	13.5	印　次　2017 年 11 月第 1 次印刷
字　　数	177 000	定　价　59.00 元